食育の力

—子どもに受け継がれる生活の知恵—

髙橋美保

創成社新書
37

はじめに―今、なぜ食育か―

保育における食育は尊い営みである

食育は、科学でもあり、文化でもあり、実践の科学といえます。なぜならば、子どもの育ちを支えるという人間の存在にとって、非常に大きな意味をもつからです。しかし、「食べる」という行為は毎日くり返される至極当たり前の生活であるために、知らず知らずのうちにマンネリ化し、いつの間にか心身ともに不健康な状況に陥っていることが少なくありません。

戦後60余年、わが国の核家族化は拍車がかかったように進み、人間関係が希薄化し、特に家庭での食卓や食生活は、いま大変な勢いで変化しています。モンスターペアレントなる自己中心的な親が多く見受けられるようになり、物質の豊かさや簡便化を追求する裏で、人間形成にとって欠くことのできない食事の価値がなおざりにされています。

今日の食事状況の変化は、まさに、このような人間関係の場としての機能を失った状況を呈しています。和やかで自由で心おきない日常的な場であるはずの食卓状況が、根こそぎ置き去りにされ、その状況はますますエスカレートしているのが、今の日本の食事状況です。その結果、老若男女を問わず、社会を震撼させる事件が繰り返し起こっています。

そもそも人は、食べものを得ることで協力し合い、分かち合って食べることで絆を強めてきました。そこには全人的で情緒的なつながりがあり、その中で暮らすことによって、ごく自然に対人関係や生活力が身についていきました。しかし現代は、食べものは商品として氾濫し、分かち合うという意味は見失われ、食事は単に空腹感を満たす行為そのものになってしまいました。

その結果、大人にも子どもにも食育の必要性が求められ、2005年7月、国は21世紀における日本の発展には、子どもたちが健全な心と身体を培い、未来や国際社会に向かって羽ばたくことができるようにとの見解にたち、「食育基本法」を制定し、国民運動の一環としてその推進に力を注いでいます。

しかし、なぜ、食べるという人間生活のひとつの営みが、これほどまでに力んだ取り組みとして強調されなければならないのでしょうか。

食の安全が脅かされ、食品や産地偽装が多発しているからでしょうか。子どもたちの心身の健康問題が指摘され、家族で囲む食卓が問われているからでしょうか。食料自給率が懸念されるからでしょうか。

昭和40年代後半以降の高度経済成長や科学技術の進歩によって、私たちの日常生活はとても便利で快適なものにはなりました。しかし、この便利さと引き換えに、私たちが失ってしまったものは大きく、問題は多様化し深刻化して、生涯にわたる心身の不健康さが指摘されています。また、一昔前までは各家庭で脈々と受け継がれてきた子育て文化や、食卓での躾というものも崩壊しています。

これ以上の崩壊をどうすれば防げるか

昔を憂い、今を嘆いても何ら問題解決の糸口にはなりません。

子どもの健全な育ちを支えるには、一体今何が必要なのか、家庭での固有な食育と、保育園や幼稚園で進める集団での個を尊重した食育のあり方を真摯に検討し、研究する姿勢が求められます。それは、発育・発達する子どもたちに「食とは何か」という、いたって基本的な知識と常識を、大人がどのように伝えるかという意識にかかっているといえます。

「食」は人をつくり、人は「文化」をつくります。

子どもに「食」を通して文化を伝え、その行為を通して、子どもの内に秘められた可能性を引き出していくことが、実は、自らを教育していくものであるということに親や保育者が気づいたとき、そこにひとつの保育の原点が現れてきます。また、人間関係が豊かにスムーズにはたらき、食事が「楽しい」と感じたとき、食育に必要な要因がみえてきます。

まさに食育は、大人の意識にかかっているといえるでしょう。

髙橋美保

2009年9月

目次

第6章　食育とエコロジー　157

第7章　海外での食育事情――181

第1章　子どもが壊れていく

1. 子どものストレスサインを見落とさない！

生活のさまざまな場面において、子どもたちの異変に気づかされることがよくあります。たとえば、一昔前までは「子どもは風の子」という言葉に表されているように、子どもは寒さなど気にもせず、外で元気に遊び回るというイメージが定着していました。しかし、近年、そういった姿を目にする機会が少なくなり、日常生活においても意欲がなく、だるい、疲れた、肩が凝るなど、からだの不調を訴える子どもが多くなりました。

毎日の生活で感じるさまざまな刺激から、子どもも大人と同じようにストレスを感じ、さまざまなところで子どものストレスサインが発せられています。頭痛や腹痛を訴えるなどの「身体的症状」として、イライラしたりぐずったり、親からすれば手を焼く行動などの「感情的症状」として、食事量や睡眠時間が急激に変化するなど、はっきりと異変に気づく「行動的症状」として表れてきます。

ストレスは誰もが感じるものであり、子どもの心身の成長には不可欠なものですが、子どもの様子ばかりに神経質になっていては、親自身のストレスとなって子どもに伝わり、悪循環を引き起こしてしまいます。ストレスを感じないような子育てを考えるのではなく、子どものストレスサインを見逃さず、受け止めることが必要であり、まずは、子どもとの時間を共有してみると、今まで気づくことのなかった子どもの姿が見えてきます。

身体的な症状から見える食べ方：給食への不適合

登園拒否、登校拒否は給食拒否からはじまるといわれるほど、集団給食の場面でも、子どもの心は食行動を通して表れます。明るく楽しく食べている子、下を向きモソモソして活気のない子など、仲間同士や担任との関係性やいじめや強制などの問題も、食事場面での行動となって表れてきます。

子どもにとって集団保育の場や学校は1つの社会でもあり、園生活や学校生活に適応できない子どもの多くは、給食時にも問題を抱えているケースが少なくありません。偏食が多い、拒否する、時間がかかる、量が少ないなどのほかに、腹痛や頭痛、吐き気を訴えることもあり、特に、低学年で不登校の傾向を示す子どもは、心身症とあわせて給食への不適合が見られます。

集団への対応や問題が解決すると、食事に対する問題もなくなるケースも多く、給食時間は集団に対する適応状態が観察でき、子どもの心を把握する1つの手がかりともなります。

感情的な症状から見える食べ方：テレビづけの食生活

子どもたちは、好きなキャラクターが登場するアニメの映像がテレビに登場すると、画面に集中し、吸い寄せられるようにテレビの前に陣取ります。テレビの前にいる子どもは退屈もせず、ぐずりもせずに、その時間をテレビと一体化した空間の中で過ごします。1日の大半をテレビと向かい合い、食事中もテレビから目を離しません。

「テレビづけ」の弊害としては、表情がない、言葉を発しないなどのコミュニケーション能力への不適合が懸念されます。子どもは人とのかかわりにおいて、コミュニケーションをはかろうとするなど、人間としての能力を獲得していきます。しかし、テレビは音と光の刺激を一方的に発するだけで、そこに意思疎通をするための言葉のやり取りは存在せず、言葉や表情が育つことはありません。

共働き家庭や一人親家庭も増え、親は家事に育児に多忙な毎日を過ごしています。しかし、このままテレビに子守りを代行させ続けていたら、音や光の刺激で疲れきり、無表情で会話することさえしない子どもを増やすばかりです。せめて、食事のときはテレビの音を小さくすることからはじめて、「ノーテレビデイ」を1週間に1回設定するなど、養育環境が与える影響についての認識を新たにする必要があるでしょう。

行動的な症状から見える食べ方：過食

過食は、幼児期、学童期、思春期の発達段階で見られる食行動であり、近年、過食による肥満は増加の傾向にあります。住環境が変化してマンションなど高層住宅で生活する家族が大都市群で増え、自然の中で遊ぶ機会や遊び場が限定されています。

1人で遊ぶことが多くなった子どもたちは、テレビやビデオ、ゲームなどに没頭し、からだを使って遊ぶことをしなくなりました。また、ゲームをしながらスナック菓子を食べるなど、1人で遊ぶことの欲求不満のはけ口をおやつを食べることに転換し、その結果、肥満を発症させています。

不規則な食事や間食は、養育者の食に対する価値感や食生活管理のあり方とも関連性が深く、ことに幼児期においては、親からの放任や拒否による愛情不足や過保護的な養育態度が、子どもの過食の背景にあることが多く、親や大人の養育態度の変化によって解決されることも少なくありません。

食行動は、毎日の生活を通して繰り返し体験して習慣化していくものだけに、背景にある家族が孤立した関係を、改めて見直し改善していかなければなりません。

2. ジャンクフードが与える影響に要注意！

24時間営業のコンビニやファミリーレストラン、軽食つきのカラオケボックスには客足が途絶えることはありません。待つことなくすぐ食べられる格安のハンバーガー、甘い匂いのドーナツやジューシーなフライドチキン、お湯を注ぐだけで食べられる麺類など、ファーストフードや外食への需要が後を絶ちません。

一度覚えると忘れられない味

これらに含まれている塩分や油分、糖分を含む食べものの多くは、「ジャンクフード」と呼ばれ、高カロリーで高脂肪、ビタミン類が乏しくて栄養価が低い食品です。ジャンクフードは、「栄養が乏しく添加物が多くて身体に悪い」との否定的なイメージがおおかたで、刺激的で濃厚な味には習慣性があるために、後を引いてしまうのが特徴です。

日本の各メーカーは企業の論理を優先させ、「食育」の名のもとに「時間と量を決めて食べ過ぎなければ大丈夫」としていますが、2007年イギリス情報通信庁は、子ども向けの番組での「ジャンクフード」のコマーシャルを禁止しました。

肥満がもたらすもの

アメリカではジャンクフードの発展と共に、30年ほど前から肥満などの健康問題が顕著になりました。現在では、全国民の65%(うち子どもは30%)が太り過ぎといわれ、肥満は深刻な慢性病になっています。

日本でも、国民健康・栄養調査の結果を、2005年度と1988年で比べてみると、肥満および太り気味の成人は17年間で、男子では19・6%から22・6%へと3・0%増加し、女子は22・9%から25・4%と2・5%も増加しています。

現在、肥満児が増え、子どもの10%以上が肥満といわれています。小児肥満は高血圧や糖尿病、高脂血症や心肺機能低下などのさまざまな合併症状を引き起こす原因にもなりかねません。子どもの肥満は身長の伸びにも影響するほか、性格面にも関係するともいわれ、たとえば無気力、無関心、無感動、同じ過ちを繰り返す、キレル、多動など、子どもの懸念される問題行動にも影響するとされています。

味覚を壊す犯人はだれ？

また、子どもの頃からファーストフードやスナック類などの、ミネラルが少なく油分が多い食べものを食べていると味覚が鈍り、麻痺して、食べものの旨味や味がわからなくなってしまいます。その味覚障害の原因の1つに食品添加物があげられています。近年、増加傾向にあるのが亜鉛不足で引き起こされる味覚障害です。

亜鉛は身体の細胞の新陳代謝には欠かせないミネラルで、亜鉛が不足すると舌や味のセンサーである味蕾細胞の若返りが上手くできず、味覚が鈍り、障害を引き起こしてしまいます。食品添加物の中には、亜鉛の吸収を妨げるものが多くあり、インスタント食品やファーストフードに偏った食生活をしていると、亜鉛不足を招き味覚障害を引き起こしてしまいます。

セットメニューの功罪

ファーストフードのセットメニュー一食で、なんと1日分の脂肪を摂取してしまいます。

ビッグマックやフライドポテトには不飽和脂肪酸があまりに大量に含まれるため、頻繁に食べているとコレステロール値が上昇し、心臓病のリスクが高まります。また、フライドポテトなどは、食材の悪さをカムフラージュするために、フレーバーのもとになる分子が溶け込みやすい油で揚げられ、油っぽさを消すために、塩やこしょうを余分に使って刺激的な味に仕上がっています。さらに、ハンバーガーの中に塗られている多量のマヨネーズやケチャップは、刺激が強い味に仕上げられているため、味に物足りなさを感じてさらに濃厚な味へと嗜好がエスカレートし、その結果、ビタミンやミネラルの不足を招いてしまいます。

ジャンクフードから学ぶ

食の洋風化や外部化、調理加工食品の使用頻度に拍車がかかり、歯止めが効きません。

子どもを生活習慣病の予備軍にしないためにも、乱れた食生活を子どもに引き継がないためにも、何よりも精神面においての安定や豊かさにつなげるために、今、何が必要なのか、大人の食に対する意識化が問われています。

健康情報や栄養問題、食品の情報が、氾濫しすぎて混乱するばかりですが、「コレを食べたら大丈夫！」と胸をはれる基準をもち、毎日の食事を子どもたちに提供すること、これが大人の責任だと思うのです。

3. 事例から知る・大人になったときに効く食育

新潟県長岡市与板保育園は、戦後間もない１９４８年に開設され、寺の本堂で保育がスタートしました。

親、子、孫の三世代が卒園生という家庭も多く、開園60年を迎えて卒園生の方々に当時の思い出を寄せていただく企画をしました。その「思い出メッセージ」の中には、当時の世相や食糧不足の様子がよく表れているものが多く、だからこそ「食べものを大切にする心」「感謝していただく心」が、ごく自然に育まれていったことがわかります。

今の子どもたちに「食」を通して心をどう育てていくか、飽食の時代だからこそその課せられた大きな命題に戸惑うことも多くありますが、寄稿された思い出メッセージの随所に、その答えがあります。

・エピソード①：１９４９（昭和24）年卒園生
「おやつは毎日ではありませんでした。主に蒸したじゃがいもやさつま芋、たまに乾パンが少しでした。でもうまかった。塩を振ったじゃがいもを１つもち帰り、親に見せてから食べたことを覚えています。」

・エピソード②：１９４９（昭和24）年卒園生
「当時は小学校でも欠食児童が多い中、保育園にくる子はみんな弁当をもってきました。幸せだったと思います。保育園に弟が遊びにきて、弁当を半分ずつ分け合って食べた記憶があります。」

食糧難の時代から年月を経て、「食」は豊かになり保育園の給食も充実してきました。

幼い頃に過ごした保育園の思い出は、仲間とのいろいろな遊びと、忘れられない「保育園の給食」が大方を占めます。

保育者は、この「保育園の思い出」の中に大きな存在感を示す「食」を重視し、心豊かな思い出となるように、また、次世代の「食」の基礎づくりのために、意識して取り組まなければと、心新たに思うエピソードの内容です。

・エピソード③：1957（昭和32）年卒園生

「〝鶏の竜田揚げ〟が大好きでした。また食べてみたいな。あの味、ちょっと硬めで…でも味がよく染み込んでいて、食べやすかった。ケンタッキーではだせない懐かしい味です。」

・エピソード④：1957（昭和32）年卒園生

「昼食は確かブリキのお弁当箱、私のは赤でフタにはバラの絵が描いてあって、ご飯だけもっていきました。父が弁当箱に名前を彫ってくれ、平ゴムでとめ、暖飯器であたためてもらいました。昼食のときは〝楽しい農夫〟のレコードがかかり、クレゾールの匂いのする洗面器で、手を洗ったことを覚えています。」

（新潟県長岡市与板保育園　園長　豊田ヤウ先生）

子どもの内に秘められた力を育てていくという行為を通して、親や保育者自身が育てられていることに気づかされます。食育は、子どもの育ちを援助するという人間の存在にとって大きな意味をもちますが、援助した結果はすぐにはでてきません。また、でてくるとも限りません。これらのエピソードは、食育の奥深さを物語っています。

第2章　自立を逃した大人たちへの食育

家族や家庭は、子どもが育つ環境としての重要な役割を担っています。しかし、今日の家族や家庭は育児機能が弱体化しているといわれ、その背景には核家族化や小家族化という家族形態の変化が大きく影響しています。

かつては、祖父母や年長の子どもにも分担されていた育児の責任が、現在は父母、特に母親に集中するようになりました。その結果、家庭で孤立して子育てをする母親の育児不安、ノイローゼ、虐待などさまざまな問題が深刻化しています。

2008年3月の保育所保育指針改定の背景には、こうした家族や家庭の変化による養育力の低下、地域の人間関係の希薄化、子どもの生活や遊びの変化などがあり、就学前保育の質の向上が求められているのです。

一昔前まで脈々と受け継がれてきた子育て文化や躾として、おふくろの味や食卓作法という固有の文化が崩壊しています。どうすれば、これ以上の崩壊を防げるのでしょうか。

どんなに時代が変わっても、食事の役割は変わるはずはないと思います。また、食卓はそこに集う人間のかかわりの質を凝縮させた場でもあり、ありのままの姿を受け止めた憩いの場、団らんの場として大きな役割があると思います。「せっかく作ったのに」と義務食いに追いたてる場でもなく、「なぜ？」と追及する場でもなく、「食べて、元気を出してがんばろう」と激励する場でもありません。

食事は、社会の一員として生きていくために、必要な資質を備えていく行為です。子どもを常識ある社会の構成員として育てるためには、親がまず自分を振り返り、自信をもって、日々の食卓で基本的な社会のルールやマナー、常識を教えていくことが望まれます。

1. 子どもの食行動から見える親の養育態度

新たに示された保育所保育指針では、第6章で「子どもの保護者に対する支援」の必要性、第7章の「職員の資質向上」で、保育の質を高めるしくみの重要性が指摘されています。また、幼稚園教育要領でも「保護者と協力する保育」が強調されています。

食を通してどんな子育て支援ができるのか、保護者と子どもを丸ごと受け止め、どう対応していけばよいのか、その支援方法に焦点を当てて、「こどもの栄養」1月号（2009年、子ども未来財団発行）で考えてみました。

食事場面の観察から

子どもたちは給食の時間が楽しみです。準備ができ「いただきます」をして食事がはじまります。食事は子どもたちの食行動を観察するには絶好の場です。グループの友達と楽しそうにおしゃべりしながら食べる子ども、保育者が口に運んであげないと食べない子ども、好きなものしか食べない子ども、マイペースで食べる子ども、お箸で遊ぶ子どもなどさまざまです。

担任の保育士は食事援助には悩みがつきません。園だけで悩みを解決できても家庭の協力が得られないと、食育の効果は期待できません。食育は家庭との連携をとりながら進めていくことが大切ですが、保護者それぞれに同じ内容を同じ方法で伝えても、受け取り方が違いうまく伝わらないことが少なくありません。

保護者の支援を考えたとき、家族構成、家族関係、就業状況、健康状態など、保護者の生活情報の把握が大切になります。そこで、子どもの食行動には親の養育態度が大きく影響するのではないかと考え、各保育園で子どもの食行動から見えてくる保護者の養育態度について探り、その結果を親支援へとつなげてみることにしました。

食育実践研究のひとつとして

毎日の保育の場面で、親の養育態度を送迎時での会話や連絡帳を通して、5つのパターン（過保護、無関心、自己中心、他人依存、ノーマル）にわけ、子どもの食行動について、食べ方やマナー、好き嫌いなどを中心に観察しました。この調査を行うにあたり保育士に協力要請したところ、「保護者をそういう目で見たことがなかった」という戸惑いの声が聞かれました。しかし、観察結果を見て保育士の素晴らしい観察力に驚き、さらには各保育園での子どもたちの食行動も、保護者の養育態度タイプ別に見事に一致していました。

養育態度タイプ別に見た子どもの食行動

過保護型の親の子どもは、自分で食べようとしない、箸が使えず容器が開けられないなど、自分で行動しない、意欲がないなどの食行動パターンがあげられました。

無関心型は食事のマナーが悪い、食べものに関心がうすい、食べたいものだけ食べるが食べこぼしが多い、などの行動が見られました。

自己中心型は自分の好きなものだけマイペースで食べる、食べ方にムラがあり食事に集中しない、会話なくひとりで食べる、マナーが悪いなどの行動パターンを示しました。

他人依存型は好き嫌いが激しく、周りの様子で食べたり食べなかったりする、人に頼り自分からやろうとしないなどの行動が観察されました。

ノーマルな保護者の子どもは、全園で同じ傾向が見られました。落ち着いて食べ、食べる量も安定し、友達との会話を楽しみながら、こぼさずに食べ、苦手なものでも食べようとする姿が見られました。また、食事の挨拶や食事のマナーも身につけていました。

（栃木県市町村保育所栄養士研究会　S市役所子育て支援課　管理栄養士　新井澄子先生）

これらの結果は、保護者の気持ちを受け止めつつ、子ども1人ひとりにあった適切な支援の方法を探る1つの手がかりになっています。

子どもを常識ある社会の一員に育てるためには、やはり親や家庭が躾についての正しい知識をもち、意識的に日々の食事場面で、基本的な社会ルールを教えていかなければならないことは百も承知しています。また、日本ならではの食事の挨拶、箸使い、器の配列、食べ方などの常識を伝えていかなければならないことも承知してはいるものの、何か釈然としません。本当にこのままでは、日本の食文化は次第に受け継がれずに消滅してしまうかもしれません。この惨憺たる食事状況をこれ以上悪化させないためにも、親世代が食育や食育の背景を認識し、まずは、それぞれの家庭の事情に合わせてしのがなければなりません。

「親の背を見て子は育つ」ということわざがありますが、子どもに食の常識を伝えるには、非常識な大人では困ります。今、大人は子どもの食卓情景を見て、何が起きているのかを感じることが急務でしょう。

2. 大人のための食育

２００８年4月から「特定健康診査・特定保健指導」がはじまり、バランスのとれた食生活や適度な運動が重視されています。

生活習慣病、メタボリックシンドロームは、肥満、高血圧、糖尿病、高脂血症などの生活習慣病が、内臓脂肪の蓄積によって引き起こされやすくなった状態のことです。食生活や運動不足、喫煙、ストレスなど、さまざまな要因が引き金となって起こりますが、いまや40〜74歳の男性の2人に1人、女性の5人に1人がメタボリックシンドロームまたはその予備軍の疑いがあるといわれています。

予防や改善で一番大切なことは、毎日の生活習慣を改めること、病気にあわせて要因となる食品の摂取量を減らす努力です。主食、主菜、副菜の組み合わせを基本に、低エネルギーで栄養バランスのとれた食事を1日三度規則正しく摂ることで、内臓脂肪は確実に減少していきます。高エネルギーや高脂肪の外食は避け、1日350g以上の野菜を食べる、夜食はやめるなど、食生活を自己管理することが大切です。

外食やアルコールの頻度、ストレスの多さ、不規則な生活や夜型生活は、結果的に食生活に乱れを引き起こしかねません。また、厚生労働省が定めたガイドラインによれば、1週間に2、000カロリーを運動で消費することが望ましいといわれています。

ライフスタイルを根本的に見直すことが必要で、そのためには自己の健康を考えながら食事内容を選ぶ知識をもち、自分の身体の健康を意識した食生活を営む力が必要です。自己管理ができることを「食」の自立が獲得されたといい、大人の自立は子どもによい影響をおよぼします。

大人からの食育

２００8年6月内閣府の「国民生活に関する世論調査」によれば、17・6％が「日常の食生活に満足している」、61・９％が「まあ満足している」で、５人に４人が現状の食生活に満足していました。しかし、２００8年3月の内閣府「食育に対する意識調査」では、「日常の食生活で悩みや不安を感じている」は、男性32・７％、女性53・２％で、女性の半数以上が何かしらの悩みや不安を抱えており、その内容は、「食品の安全性」81・０％、次いで、「家族の健康」50・７％、「自分の健康」「将来の食料供給」「食べ残しや廃棄など環境への影響」でした。

この結果から、現在の食生活には一応満足はしているものの、不安を抱えながら食生活をおくっていることがわかります。しかしながら、その不安内容は、食の安心・安全や健康に関する事項がほとんどで、おふくろの味を含む食文化の継承については16・６％にしかすぎません。

飽食の時代といわれ、物の豊かさの象徴として「食」が声高に叫ばれてきた陰で、平然と生活の中にある不要なものを捨ててきました。実はその不要なものが人間の育ちには絶対的に必要なものであるということを、今、やっと大人が気づきはじめました。

季節感や自然の恵み、食材の本来の色や味、昔ながらの匂い、さらには台所での音など、多くのものはすぐには戻ってきません。単なる懐古趣味でもなく、時代錯誤の食農主義でもなく、経済効率が優先された社会で暮らし、近代化の中で置き去りにしてしまったものを、今思い起こすことも食育の効用と考えて、これからの食育の推進に活かしていこうとする、大人の姿勢に期待したいと思います。

第3章　食育推進の裏側から

今なぜこんなにも、食育が声高に叫ばれるのか

　社会的な背景を知れば知るほど、現代生活における食のゆがみや陰りともいえる問題に直面し、愕然としてしまいます。

　食育推進運動の引き金になったのは、朝食欠食や偏食など、健全な食事のとり方がわからない子どもが増え、児童期における肥満の増加や生活習慣病の若年化、食欲不振や思春期におけるヤセの増加など、問題は多様化し深刻化して、生涯にわたる健康への影響が懸念されることがあげられます。また飽食の時代、グルメ時代ともいわれ、加工食品やインスタント食品、スーパーやデパ地下で惣菜が売られ、豊かな食卓にはなったものの孤食化し、偏った食事に生活リズムの乱れも重なって心身に異常をきたし、いじめ、不登校、キレル子どもなど、未成年者の犯罪はますます凶暴化し、大きな社会問題を引き起こしてい

る事例も少なくありません。

健康な子どもを守り育てることは、大人や親の責任でもあります。特に乳幼児期は、生涯を支える食行動や食習慣の基盤を形成する重要な時期でもあり、家庭で十分に修得できないことは、保育所や幼稚園、地域でサポートする必要があるのです。そのためには、食育を子育ての一環として捉え、結果を競うことなく、食べものや食べ方を子どもと共に学び合い、自立にむけて進めていく食育活動の内容や大人の姿勢が問われます。

1949年、保育施設実施要綱が示され、保育所の給食が発足して60余年が経ちました。8年後の1957年から全国保育研究大会がはじまりましたが、すでに1回（1957年）大会から食に関する事例「健康保育の重要性」が発表されています。また、15回（1971年）大会では「保育所給食の教育的な役割」をテーマに、保育所における給食の教育的な役割について、給食指導の月別カリキュラムをもとに考察した発表もみられます。このことからもすでに保育所では、健康教育の視点で食育活動を核に据えた研究に取り組んでいたことを知っておかなければなりません。

食育の定義はいまだ明確には示されてはいません。しかし保育における食育は、子ども1人ひとりが食べることの意義を理解し、体験を通して食生活を営む力を獲得し、生涯にむけた「生きる力」を培うための環境づくりであると考えて、取り組まなければなりません。そのためにも、子どもたちの発育・発達を促していくように活動を続けてきた、「保育所調理室」の歴史を、決して侮らないことです。

1. 行政と保育現場の裏事情

「児童福祉法」制定の1年後、1948年に「児童福祉施設最低基準」は制定され、その中に、入所している者の食事の項目が記されました。しかし、1973年の改定時に、食事から「給食」に項目名が変更しました。また同じ時期に全国保母会（当時）から出された「保育所保育要領」では、「給食」から「食事」へと項目名が変わりました。

なぜ同じ時期に、まったく逆の項目変更が行われたのでしょうか。

厚生省（当時）は、「児童福祉施設最低基準」制定の翌年、「保育施設実施要綱」を通知し、当時栄養不足が問題となっていた日本を救うには、保育所給食の役割が大きいと認め、栄養改善や健康の増進、疾病の予防を打ち出して、給食実施の推進をはかろうとしました。

しかし、「保育所保育要領」の改定に携わった全国保母会（当時）の山本ひかり氏

（１９７９年）は、「残さず食べることだけを要求し、配って与える給食から脱皮し、子ども側から考えた食事の内容や食べさせ方を考える転換の時期にきている」と言及しました。また、野末氏（１９７８年）は「食事は生命を保持し、発育を保障する栄養源であるばかりでなく、その人間の一生の食習慣を形成し、地域の文化を継承する基礎である」と述べています。

このように保母会の「給食」や「食事」の概念は明確化されましたが、行政の「保育所給食」や「食事」の定義は今もって曖昧で、「食育」に関しても同様なことがいえます。しかし、「給食」と「食事」の定義については、双方の考え方に大きな違いはなく、そのとき、何を重視するかでその表記が変わってくるようです。

何を今さら「食育の推進」か、という思い

食育基本法が制定されたとき、現場の保育者たちからは「何を今さら、なぜ?…、食で子どもを育てようとする営みは、今さらはじまったことではなく、以前から現場の保育士や栄養士、調理員が取り組んできたことではないか。」という声が多く聞かれました。

確かに現状は、保育現場の思いとかけ離れた政策もあり、そのひとつとして最近では、「保育運営費の一般財源化」や「給食の外部委託」などがあげられます。しかし、これまでの現場の声を制度化してきた実績をおもうとき、このたびの「食育の推進」は、一部の保育所だけが食事や食育に力を注ぐのではなく、すべての保育所が保育内容の一環として食事を位置づけて、子どもの育ちにそった内容を展開することを通し、保育の地力をあげなければならないと思うのです。

2008年3月「保育所保育指針」「幼稚園要領」の改定が示され、2009年4月から施行されていますが、この中にも食育の推進が強調されて、現在、全国的に盛んに研修がなされています。指針に関しては最低必置基準が明確化され、内容が大綱化されて、厚生労働大臣の告示化となりました。

今日的な子育て受難の問題にも屈せず、今こそ、家庭や地域を巻き込んでの保育所の特性を生かした活動を展開し、保育の中で育まれる子どもの育ちやその成果を語り伝えていく必要があります。そのためにも、わが国の給食の歴史を辿り、食育の礎を探ってみることが大切です。なぜならば、保育所や幼稚園で進める食育は、食事内容が基本であるからです。

2. 知っておきたい・保育所給食の移り変わり

戦後、1947年12月に児童福祉法が制定されました。翌年2月に行われた全国孤児一斉調査でその数は129,000人にものぼり、劣悪な衛生環境や栄養不足のために乳児死亡率は高く、また、保育所も不足していました。そのために1949年、保育施設実施要綱が出され、保育所における給食が発足して、ララ物資、ユニセフミルクによる給食が実施されるようになりました。

1950年後半以降になると高度経済成長と共に、婦人の労働力増大や核家族化が進み、保育の需要はますます増え、公立や民間、共同保育所の建設と共に、給食充実への萌芽が見られればじめました。集団離乳の実践が積み重ねられ、幼児副菜給食のみの見直しを迫るなどの声が高まり、保育所保育最低基準の見直しと給食の実施が徹底されました。

1965年8月、厚生省は「保育所保育指針」を作成し、保育所給食についても第十章指導計画作成上の留意事項として、「間食および昼食は子どもの健康を増し、また、保育所での生活を楽しくさせるように計画すること」として、その基本的なあり方を示しました。また、第十一章に、保健、安全管理上の留意事項として「給食については、①調乳、離乳食、一般食献立について関心をもつ、②偏食をさせないように注意する、③給食の献立や食べ具合を家庭に連絡する」などを示しました。

1969年度から厚生省は、乳児保育特別対策を実施し、乳児3人に対して保健婦または看護婦1人を含む保母の定数を3人にしました。また、調乳や離乳食の対応が必要となることから、栄養士を採用して乳児保育を実施する保育所が増加し、さらには、調理もあらかじめ作成された献立に従って実施することになりました。

1980年代に入り、保育の需要増大で保育所給食のより一層の充実強化が求められ、栄養士を採用する地方自治体が増加し、アレルギー児への対応や離乳食の対応、延長保育特別対策によるおやつや軽食の提供などが、各保育所で実施されるようになりました。さらには、少子化対策として児童健全育成対策が出され、子どもの成人病予備軍が増えたことを受け、食の意義と役割についての社会認識も高まって、給食の意義と重要性が徐々に親たちに理解されるようになりました。

1990年には、25年ぶりに初めて「保育所保育指針」が改定され、子どもの発達確保や養護と教育の一体化が謳われました。しかし、1990年代後半には、給食の業務委託が示されて「保育所における給食の規制緩和」や「調理業務の委託」に関する省令が施行され、盛んに議論されるところとなりました。

２０００年代になると、地方分権改革推進会議が示す一般財源化をもとに、構造改革特区構想には、「保育所と幼稚園の共有化」や「調理室撤廃」などの提案が寄せられ、厚生労働省は「調理室の必置規制の撤退」については、「調理室は子どもの健やかな育成のためには不可欠」とし、これを認めませんでした。しかし、公立保育所の運営合理化の観点から、特区においては公立保育所に限り、給食の外部搬入を認める方針を打ち出しました。

そして、２００５年7月「食育基本法」が制定され、保育所や幼稚園における食育活動が活発化してきたのです。

3. 「食育基本法」成立を巡る行政の動き

食育の推進を考えるにあたって、声高に叫ばれるようになった背景を知っておきたいと思います。

１９９６年、中央教育審議会は第一次答申の中で、「ゆとり」の中で自ら学び自ら考えるなど、子どもの「生きる力」の育成を打ち出しました。

2年後の1998年、新学習指導要領が改定され、総合的な学習の時間が創設されて、食に関する指導を含む健康教育がより一層重視されるようになりました。しかし裏腹に、同年2月、「保育所における調理業務の委託に対する児童福祉法施行規則」等の一部を、改正する省令が施行されました。これが盛んに議論された「保育における給食の規制緩和」「調理室の撤廃」運動のはじまりでした。6月には、文部省（当時）が各都道府県教育委員会に、最近、児童や生徒の心の健康問題が深刻化し、その背景には朝食欠食率の増加、カルシウム不足や脂肪の過剰摂取などの偏った栄養摂取など、「食」に関する健康問題があるとの見解を示し、食生活指導をより一層充実させるようにとの通達を出しました。

2000年には「健康日本21」が示されて、21世紀における国民健康づくり運動の展開がスタートしました。同年、農林水産省、文部科学省、厚生労働省の三省合同の「健康づくりのための食生活指針」が策定され、2002年11月には、自民党内に食育調査会が設置され、食育基本法の審議に対する検討がはじまりました。

2003年5月には、健康増進法が施行され、さらには、地方分権改革推進会議が一般財源化を示し、6月には、農林水産省が「食の安全・安心のための政策大綱」を決定して、食の安心・安全に関する普及活動や啓蒙活動が徹底されることになりました。

２００４年１月には、中央教育審議会は「食に関する指導体制の整備について」答申し、栄養教諭制度を創設して食に関する指導を徹底するために、同年５月、学校教育法等の一部改正に伴って、栄養教諭制度をスタートさせました。また、同年２月厚生労働省雇用均等・児童家庭局は、「食を通した子どもの健全育成―いわゆる「食育」の視点から―」のあり方に関する検討会を設け、その報告書を示して食を通した子どもの健全育成を提言しました。その１カ月後の３月、「保育所における食育の指針」が示されたのです。

２００５年には、構造改革特区として、公立保育所における給食の外部購入方式の容認事業がはじまり、同年７月、食育基本法が制定されました。

２００６年５月には、厚生労働省児童家庭局母子保健課長通達により、「食育推進基本計画」に基づく「保育所における食育の推進」が示されて、保育所における「食育計画」の策定が求められるようになりました。その内容については、「計画にあたっては、保育計画の中に位置づく形で作成される必要があると共に、それに基づいて行われた実践の過程を評価し、その改善に努めることも重要である。」と述べられています。

２００８年３月、保育所保育指針、幼稚園指導要領が改定され、食に対する指導が盛り込まれて、食育の推進が強調されるようになりました。

指針の改定に伴って、従来の保育内容が根底から様変わりすることはあり得ませんが、今回の改定で、指針に記述されている内容は、最低基準の遵守義務として明確になりました。保育現場で行っている保育内容が、指針の意図と整合しているか、常に見直しを図り、改善や工夫をしながら進めていくことが求められたのです。

このように、保育にむけた必然的な姿勢が保育者に求められたものの、昨今の保育所の運営においては、子どもの命や健康の保障よりも、経済が優先されていることも少なくありません。本当に怒りを覚えます。このときばかりの食育の推進では、現場の保育者は疲弊してしまいます。

わが国の保育行政の歴史をふまえ、子どもたちへの食事の提供や食育を通して、体験的な学びを進めていかなければならないと思うのです。怒りや疲れも覚えますが、決して諦めないことです。

4. なにかおかしい今の食育

食事はかつて、家庭文化ともいわれるくらいに、躾や親の子育て観などを表したものでした。

深谷昌志らは、25年前に「食事に対する子どもの意識と行動の調査」を行いました。その結果をふまえて、「お手伝い」や「お箸のもち方」「食後の歯磨き」などといった習慣化への努力や、「好き嫌いせずに何でも食べる」などの自制心を要求することは、わかっていても到達しにくいことを指摘し、食にかかわるスキルやマナーの育成の重要性を解いています。食のスキルとは、生きるために食べる行為から、よりよく食べたいという意欲の形成や、食べる技や知識を身につけていくといったことで、マナーとは、地域の文化や社会の慣習と深いかかわりをもち、社会の一員として集団の中で生きるために必要な作法のことです。

少子化に歯止めがかからない現在、子育て支援の視点から、子ども1人ひとりの「食べる力」を育むサポート体制が必要との見解から、集団保育の場における食育の推進に、異常な期待が寄せられています。これでいいのでしょうか。

昔の親や大人は情報を入手し、学び、的確に判断して子育てを行っていたのでしょうか。

まずは各家庭で、昔から脈々と続けられてきた食文化や食事の躾について、思い起こす作業が必要です。そのうえで、集団保育の場での給食の歴史を整理し、食事の提供と共に展開されてきた援助の方法や指導の実態を把握しなければなりません。食育活動に活かす労作をいとわないことです。

現在、盛んに華々しく展開されているイベント的な活動では、すぐに方向性を見失い、盛り上がったものの疲弊感が漂うばかりで、食育の効果は期待できません。実態を把握し、その課題や問題点を把握して、食育活動における本来の見通しやその進め方を検討し進めていくことが望まれます。

食育はするのではなく、進めていく行為だということを認識すべきでしょう。

実際のところ、「保育所における食育指針」が示されて3年余たちますが、今までの活動を振り返り、具体的なねらいのもとに活動を進めている園は必ずしも多いとはいえず、むしろ、「毎日の業務に忙殺されそこまではいき届きません」「方向性が見えずやる気が衰退してきました」との声を耳にして、愕然とすることが少なくありません。

保育は、子どもの育ちを援助するという人間の存在にとって、とても大きな意味をもつ尊い営みです。

親や保育者は一方的に子どもを育てる、教えると気負わず、かかわりの中で自分自身も育っているということに気づくことが重要で、そのプロセスを通して子どもへのかかわり方も適切となっていき、さらには子どもが育っていくという、よい循環ができ上がってきます。

食育というと、どうも大人は教えなければと力みすぎる傾向にあるようです。

まずは、生活全体を通して子どもの育ちを観ることからはじめ、食事は子どもが自立を獲得していくプロセスであるということを目の当たりにして、1人ひとりの子どもの食事行動が自立することの意義を、家庭と園で認識し合う作業が必要です。「健康づくり」という保育は、「生命」そのものに直接かかわる営みです。それだけに活動の源である食べものや食べ方は、全職員が一丸となって親と共に子どもの健全な育ちを確認し合い、進めていかなければならない重要な保育内容なのです。

2005年に食育基本法が制定され、国民運動として食育推進に力が注がれていますが、一方では、「調理室必置規制の撤廃」が進んでいる現状を鑑みると、これからの保育所給食運営は、自園給食の良さを発揮する活動と、きめ細やかな食事内容の充実をはかっていくことが、より一層求められると思います。

子どもの健康に対する保育行政の動向を見据えつつ、どの子どもにも平等に生きる「権利」を保障する「健康づくり」保育を、職員と親が交流を深め合いながら、家庭や地域に浸透させていく活動を進めていくことを真剣に考えなければなりません。そのためには、今日の社会環境に適応した方法で、意識的に良好な子育ての環境づくりをする作業が急務であり、昔の保育環境は「空間・時間・仲間」の「三つの間」があって、その中で子どもはうまく育ったといわれている先人たちの知恵を学び、現在に活かすことが必要でしょう。

5. 「食」の格言やことわざから学ぶ・食育のねらい

格言やことわざには、先人たちが自分の生活体験や人生観、生活感を通した教えや知恵が示されており、そのときの生活水準を知るひとつの手がかりともなり得る興味深いものが、数多く残されています。

戒めや作法や規範を含むもの、欲を制したもの、人とのつき合いの心得に至るまで、人生や生活の全般にかかわる事柄について、多くを語らず、後に続く者たちにいい残した人間の知恵の結晶です。この中には、必ずしも科学的な検証に耐えられるものばかりではありませんが、含蓄深い人生哲学が凝縮されており、現代にも通じるものが数多くあります。

八倉巻和子氏は、その著書『食育のすすめ』の中で、食にかかわることわざや格言は、子どもへの食育のあり方を考えるうえで参考になると述べています。食育のねらいを、生命の保持および情緒の安定にかかわる養護、つまり大人が行わなければならないものと、子ども自身が身につけることが望まれるもの、心情や意欲、態度など教育（5領域）に関するものとに分けて捉えると、子どもに伝えたい守るべき日本の伝統や習慣が、ことわざや格言からいくつも見てとれます。

大人が学ぶことわざや格言

・親の背を見て子は育つ

動物行動学者のローレンツは、鳥の行動を観察し、ヒナが初めて見た動くものを母親だと思い、後追いすることを立証しました。そのとき目にした刺激が脳にすり込まれる現象をインプリンティングと呼び、その時期は極めて限られた時期であることも明らかにしました。

人間にはこのようなインプリンティング現象は見られません。しかし、子どもへの食育は家庭での食事が原点であり、子どもは親や家族の姿を見ながら生活のあり様を学んでいきます。したがって、毎日の食生活を通して、大人の模倣をしながら覚えていく時期を見極めて躾ければ、体験的に学習したことが子どもの脳にインプットされ、生涯の行動や習慣として残ります。つまり、その時期に見はからった的確な躾を行えば、良識ある行動を子どもが身につけていくというわけです。

問題となる食行動は、家庭の食環境や家族、特に母親の影響によるものがおおかたのようです。食嗜好や食べ方、特に好き嫌いや肥満、生活習慣病は、ほとんどが親の生活習慣に巻き込まれた、親の背を真似て子どもが育った症例だといえるでしょう。

・空腹は無上のソース

「すきっ腹にまずいものなし」と同じ意味をもちます。ソースは洋食にはなくてはならないスパイスですが、空腹であることこそが、どんなソースにも及ばぬスパイスといえます。

ギリシャの哲学者ソクラテスは「最上のソースは空腹である」といい、セルバンテスの小説『ドン・キ　ホーテ』にも、「この世に空腹ほど、優れたソースはない」と述べられています。また、ギリシャ、ローマ、ドイツには、「空腹は最上の料理人」、フランスには「食欲というソース以上のソースはない」という格言があります。多少用いる言葉が異なるにしても、この種のことわざはヨーロッパ各地ではよく聞かれます。

生活リズムの乱れが指摘され、「空腹感を感じない」子どもが増えている状況が続いています。食事の洋風化が進み、動物性脂質を多く摂取する傾向が見られ、気軽に外食し、スナック菓子を食事代わりに食べるなど、いつでもどこでも何でも食べられる状況に、なかなか歯止めがかかりません。子どもの肥満や高脂血症、糖尿病を引き起こし、いじめなどの心理的な問題発生につながっている事例も少なくありません。

食事では、脂質や糖質の摂取を減らし、運動不足にならないように生活を改善する必要があります。

また、幼児期は、自我の芽生えによる気まぐれや情緒不安定により、食欲が左右されることがよくあります。子どもの食欲は、子どもの体格、運動量、親や保育者の養育態度が大きく影響しますが、欲しがるままにダラダラと食べものを与えず、食事と食事の間隔をとり、食前に戸外で十分遊び、「お腹が空いた」という感覚をもって食卓につく、といった躾が肝要でしょう。

・三里四方の野菜を食べろ

三里四方、つまりは半径12キロメートル以内で取れた野菜を食べていれば、長生きができるという意味です。野菜は新鮮さが命で、時間が経つほど味も栄養価も落ちてしまいます。はるばる遠くから運ばれてきた高価で美しい野菜よりも、身近でとれたての野菜のほうが、新鮮で価値があるという例えです。

流通網が発達していなかった昔の格言ですが、今では遠くのものでも航空便などで新鮮なうちに手に入ります。しかし、身近な地元でとれた野菜は生産者の顔が見え、安心で栄養価も高く、安全であることは今も昔も変わりません。地産地消の先駆けといえることわざでしょう。

・鯛も一人は旨からず

どんなご馳走でも1人で食べては旨くないという例えです。しかし、本当に1人で食べるとおいしくないでしょうか。

ご馳走でなくても気のおけない家族や仲間と共に、楽しく食べるのが一番おいしく感じ、ましてやめでたいときにしか口にできなかった鯛となれば、大勢で食べても気を遣って味もわかりません。それほどまでに、食卓の雰囲気は影響するということの例えです。

孤食化が指摘されて久しいですが、一向に改善の兆しが見えてこないのはなぜでしょうか。大人が食卓で育つ子どもの姿を認識しないからでしょうか。人間社会における交流の場としての食卓が果たす役割を、もっと意識し大切にしたいものです。

・病は口から入り、禍は口から出る

病気は食べものが原因で起こることが多く、食中毒や食生活の乱れによって引き起こされる病は意外に多いものです。

食べものと健康は関連性のある問題ですが、「身体にいいから食べなさい」という指導より、「食べものと仲良しは身体づくりのもと」「仲が悪いと病気になる」といった流れのある指導の方が、子どもには受け入れやすいでしょう。

また、子どもの食べ過ぎや小食の問題は深刻ですが、子どもよりも大人の問題とすべきことが多いようです。多くの場合、子どもは食べ過ぎたりはしないものです。むしろ親や保育者が健康を気遣いすぎて、義務的に「これだけは食べないと栄養にならない」「一口でもいいから食べて」といった言葉かけのほうが問題です。

人の心身に禍となるものには、食べものと言葉が原因であることが多く、慎まなければならないという戒めです。山上憶良が『万葉集』に読み、日本で最も古くからいい伝えられていることわざのひとつです。

子どもと共に学ぶことわざや格言

・三つ子の魂百までも

三歳ごろの子どもの性格や性分、能力の大部分は、生涯変わることはないという意味です。

コスタリカでは、「ゆりかごの中で覚えたことは一生続く」といわれ、民族による考え方に違いは見られません。日本では江戸初期に聞かれはじめ、中期から常用となりましたが、「三つ子の知恵は八十まで」などと、いい回しは必ずしも一定したものではなかったようです。

現在、こうした考え方を日本では「三歳児神話」と呼び、3歳までは母親が子育てをするべきとの意味合いを含んで捉えられています。この根拠となったのは、第二次世界大戦後、戦争孤児を対象にイギリスの小児精神科医師ボウルヴィが行った、発達障害の調査結果だといわれています。

修道院の養護施設では、ミルクを与え清潔を保って育てたにもかかわらず、子どもに言葉の遅れや情緒障害が多発したという報告です。その原因は母親と引き裂かれ、自分の世話をしてくれる「特定の大人」とも、愛着関係を成立することができなかったというものでした。その結果、子育てにはよい施設より母親といるほうが大切という考えが広まったというものです。

もちろん母親が愛情を注いで育てることは大切なことだと思います。しかし、産明けから保育所に入所してくる乳児にとっては、「特定の大人」である保育者とどのように愛着を結んでいけばよいのでしょうか、今後の研究に期待するところです。
・青菜に塩
急に元気がなくなる状態の変化を示し、しょげていることとの形容として用いられます。青菜に塩をかけるとすぐに脱水して萎れてしまいます。まったく元気がない状態や、不得手なものに対して萎縮し、しょげている様子の例えです。
・朝の果物は金
イギリスでは、「午前中の果物は金、昼から午後3時までは銀、3時から6時までは銅、6時以降は鉛」といわれており、もとはヨーロッパからのいい伝えで、近年になってよく使われるようになりました。

朝に果物を食べると目覚めを促し、胃腸の働きを促進して、1日に必要なビタミンの補給になるなど、効率的で健康によい食べ方を形容しています。

今、大人の影響を受けた子どもの生活の「夜型化現象」が指摘され、子どもの睡眠不足や朝食欠食が問題になっています。

人間の生体は24時間の周期をもち、体温や血圧などは昼高くて夜低く、成長ホルモンなどの分泌量は夜のほうが高い、というサーカディアンリズム周期を示しています。このリズムは外からの刺激に影響を受け、たとえば、朝食を規則正しくとる人は、その1時間前から消化液の分泌の準備がはじまり、腸の蠕動《ぜんどう》運動もはじまって食欲が湧いてきます。

また、朝食を抜くと摂取栄養素のバランスが崩れ、特に身体の調節に必要な微量栄養素が欠け、脳に栄養失調をもたらすことにもなります。その結果、倦怠感から学力低下や落ち着きがなくなり、イライラしてキレルなどの問題行動につながっていきます。

国民栄養調査でも、欠食の多い子どもほど、健康に問題をもつ者が多いことを指摘しています。生活リズムを整えて、朝食までの時間にゆとりをもち、ゆったりとした気持ちでバランスの取れた朝食を摂ることが望まれます。

・食べてすぐ寝ると牛になる

食後すぐごろごろと横になる、寝るなどしてはいけないという戒めです。牛が食後に寝そべる姿を引用し、満腹になると生理的に眠気をもよおす子どもへの、躾に用いたことわざです。

また、「食事して横になると角が生える」ともいいます。

・ついた餅より心もち

ご馳走してもらった餅より、ご馳走してくれた相手の気持ちのほうが、大変ありがたいという形容です。

・出鱈目

鱈は大変に貪欲な魚で、手当たり次第何でも口に入れるところから、節操のない食べ方や食欲を当て字にして戒めています。

・腹八分に医者要らず

食べ過ぎにならないように、腹八分目の食事を摂っていれば健康だ、という養生を薦めることわざです。

江戸時代の儒学者である貝原益軒は著書である『養生訓』に、「元気は生命の基、飲食は生命の養い、口、腹の欲にひかれて健康を失うな、心に動揺あるときは食うな、飽食はさけよ」と教え、「飲食は八分でやめよ」と諭しています。

食事に限らず、どんな場合でも上手くいくコツはコントロールにあるようです。

・山椒は小粒でもピリリと辛い

姿形は小さくても、気性が強く能力も高くて偽りがないという形容で、外見に惑わされるなという教えです。

このほかにも、ことわざや格言は苦言や提言を込めて表したものが多く、今後の子どもへの食育のあり方を考えたとき、非常に参考となるものが多くあります。

6. 給食の役割から考える・食育の内容

乳幼児期の食生活は、生命の維持や健全な成長のために、親や保育者の十分な配慮が必要です。十分に配慮がなされなかった子どもの食行動は偏り、その後の発達に大きく影響するともいわれています。たとえば、被虐待児の多くは健全な食生活がなされておらず、食行動に何かしらの問題を抱えている事例も少なくありません。

子どもの食行動や食習慣は、乳幼児期に生活を通した適切な援助があって、習慣化されていくものであるだけに、親や保育者が関心をもって、子どもの発達支援にあたらなければばならない重要な保育内容なのです。

水野清子氏は「保育所における望ましい給食とは、発育に必要な栄養素等の供与および家庭の欠陥を補う献立の作成、十分に行き届いた衛生管理、発育・発達・個人差・子どもの状況を把握したきめ細かい食事の提供と、心を育む食事や食事環境の提供、さらには給食を通しての食育の実践である」と述べています。

子どもの心はさまざまな食事体験や豊かな食事環境で育まれるために、食べることは「人間関係」の中で営まれるという認識を、大人がもつことが重要です。また、子どもの食欲は大人以上に食事中の心理状況によって左右されるため、食事中は親や保育者は心にゆとりをもち、子どもに安定感のある食事環境の提供や、自主性が促される食卓の工夫や演出を心がけたいものです。

食育は、食を介して生活する力を体験的に学習し、共感的理解やスキルを身につけていく活動です。したがって、学習のねらいは単に知識の習得ばかりでなく、活動や実践にあっては、理解することで関心をもち、ひとつのことがわかると次のことが知りたくなり、試してみると面白い、楽しいと、子ども自らが興味や関心をもち、自分でするようになっていくといった進め方が肝要です。

教えようと力んで押しつけにならないように、根気強く、愛情をもって進めていくことが大切です。親や保育者はサポートするといった姿勢を、常に大切にしたいものです。

7. 子どもと共に育ち合う活動に

子育ては「個育て」とも、「己育て」とも表されます。個と個を決して比較せず、子どものうちに秘められた力を育てていくという行為を通して、親や保育者自身が育てられていることに気づかされます。まさに、子どもと共に育ち合う活動そのものが食育であり、さらには、食生活の管理こそ、子どもにとって親や保育者が援助しなければならない、最も大切な発達支援であるといえるでしょう。

「食べること」は生きる基本であり、栄養素の摂取とともに、生涯にわたる食習慣を形成する大切な時期に、子どもたちにどのような「食べる力」を育てたいのか、大人のねらいが問われます。

第4章　発育・発達にそって育てたい子どもの「食べる力」

人間は唯一食べることや味わうことを、毎日の食生活を通して体験的に「学習」し、その力を獲得することができます。子どもにとって食べる学習の教え手は親や保育者であり育児担当者であり、その教科書は食べものや調理法、調理形態です。

アメリカの幼児教育における著名な研究者であるバートン・L・ホワイト博士は、著書である『The First Three Year's of Life』に、「日々の単純な活動の中で、乳幼児は生涯を支える発達の基盤を形成する」と述べ、生後3年間の人間社会での生活のあり様が、その後の生涯に大きく影響することを示唆しています。

このことをふまえ、乳幼児期における子どもへの「食育」のあり様を考えたとき、おさえておかなければならない重要なポイントが2つあります。それは、子どもに期待（要求）していることが、大人がかかわることで変わっていくのかということと、子ども自らが生活（経験）を通して変わっていくのかという、発達段階にそった対応や見極めです。その判断を誤らないためには、人としての自然な発達が、実は決して自然発生的には生じないのだという理解を、大人がもっと深めなくてななりません。

保育や養育は、あくまでも子どもが主体であるために、大人は周りから子どもの内に秘められた可能性が育っていくことを、援助するといった姿勢で対応することが大切です。そのための基本姿勢としては、子どもの食事場面での行動を、観察する、背景を知る、対応する、結果を知る、記録に残す、といった順を追って取り組む姿勢が重要で、このプロセスが無理なく自然に行われると、より高い教育的な効果が期待できます。

1. 子どもはどのようにして食べることを学ぶのか

食育は、子どもの育ちを支える大切な役割を担っています。

食育を進めるにあたっては、心身の発達と食事とのかかわりをもとに、子ども1人ひとりの食行動の発達を観察しながら、「社会化」への状況とあわせて検討し、進めていくことが肝要です。

食行動の社会化という視点

「社会化」とは、社会に適応するための行動を身につけ、社会を構成する一員として、一集団の中で共存しながら生きていける状態になることです。そのためには、良識をもった大人が行動の習慣化をはかり、望ましい生活習慣が定着するように、子どもをサポートしていく必要があります。

食育の原点もそこにある

社会に適応するための行動は、生きていくうえで必要な基本的生活パターンとしての本能的な行動、次に与えられた環境への適応として獲得される習慣的行動、さらには状況の変化などに応じてそのつど引き起こされる知的行動へと、順を追って発達していきます。

したがって、乳幼児期の食育はこの発達段階にそった対応の仕方が極めて重要で、そのためには、子どもの成長を4区分程度（周囲に受容され愛護される誕生から離乳が完了する1歳半ごろまで、自我が芽ばえ自分を発見する3歳ごろまで、他者と自分を比べる4歳半ごろまで、目標をもち力を合わせて努力する就学前ごろまで）にわけ、それぞれの発達段階に応じた目標を設定し、毎日の食事を介して、無意識に行動パターンが習慣化していくような取り組みの内容が問われます。また、食育は、保育者の保育観や食事に対する価値観がベースになりますが、それを押しつけるのではなく、見通しをもって、心身の発達と関連させながら取り組む姿勢が必要です。

「保育所保育指針」の第二章「子どもの発達」では、前回と同様に子どもの発達過程を、8区分としてとらえています。しかしこの区分は同年齢の子どもの均一的な発達基準ではなく、1人ひとりの子ども発達過程としてとらえるべきとの見解から、今回の改定では「おおむね」という語彙が付記されました。それをどのように捉えて、集団の中でいかに個を発揮した展開がなされるのか、期待するところです。

自立のプロセスという視点

乳幼児の食事は、食行動や食習慣の基礎を確立する時期でもあり、自分で食べようとする「自立（一人）食べ」の練習期でもあります。

哺乳を経て離乳期にいたるまでの時期は、自分の意志で口を動かすことを学ぶときでもあります。吸うことから食べることへと食行動が劇的に変わっていくときで、口唇や舌、顎の動きも引き出されてきます。このときの食事の介助は、その後の子どもの咀嚼力や食嗜好を決定する重要なポイントともなるので、食べる動きを引き出す、食べものの硬さや舌触りをわからせることをねらいとした、食べさせ方の検討が必要になります。

子どもの食事場面を観察していると、介助食べから、手づかみ食べ、器具を使って食べる食具食べへと、自立に向けての食べ方に変化していく様子がわかります。自立（1人で食べる）していく過程で、手指の運動発達やいろいろな食べものを認識し、味の違いを知る認知力、食嗜好を通した心の発達も見られ、自分で食べられる自信につながって、家族や仲間と一緒に楽しく食べる「社会食べ」へと、行動の幅が広がっていきます。

食事は子どもが自立を獲得していくプロセスであり、家庭と園との連携が重要です。飽食の時代だからこそ集団保育の場でも、子どもの生活全体を視野に入れた食育の進め方が問われます。

2. 脳の発達と食べ方

子どもの頭が大きいわけ

脳は、3歳ごろまでに大人の8割、4、5歳ごろには9割もでき上がるといわれ、この間に、栄養の障害があると脳にも影響をきたすとの報告もあります。

脳は、神経細胞（ニューロン）が何千億個も集まってできた臓器で、一般の臓器は細胞の分裂と新陳代謝によって成長しますが、脳細胞は分裂のみによって増加し、1歳半ごろまでにはピークを迎え、それ以後は増加しません。脳神経細胞はお互いに突起を伸ばし、シナプスと呼ばれる部分で結合し、電気的に情報を交換しています。また、シナプス部分では、突起を伝わってきた電気的な信号が、神経伝達物質という化学物質の分泌に変わり、その物質がシナプスと次の神経細胞との間を渡って情報を伝えます。このシナプスは固定化したものでないために、頻繁に使われるものは効率が上がり、使われないものは自然消滅してしまいます。子どもに何かを教えるときは、何度も繰り返して同じ方法で教えるべきといわれる所以は、こうした変形しやすいシナプスの性質が、記憶や学習に関係してくるからです。

シナプスの数は、言葉を話し、一人歩きをはじめる1歳ごろの少し前にピークがあり、社会性が身につく4、5歳ごろには減りはじめてしまいます。

子どもの頭が大きいのは、この時期が人生の中で脳の発達が、最も著しく活発だからなのです。

脳の発達と食べ方

人類学者の石毛直道氏は、「動物は餌を食い、人は食べものを食べる」と述べました。誕生から親とほとんど同じものを食べるのは、魚類、両生類、爬虫類で、鳥類は、親が噛み潰したものを口移しで食べ、その後は親が運んできたものを親と同じように食べるようになります。哺乳類は乳を飲み、離乳期がありますが、その後はさほど段階を踏んだ食べ方の学習をしなくても、1人で食べられるようになります。

しかし人間の摂食行動は、哺乳期から離乳期と段階を踏んで、吸うことから噛みくだし飲み込むことを体験的に学習しながら、生後7カ月から13カ月位にかけて咀嚼力を獲得していきます。

まさに脳の発達に伴って、食べ方も変化していくことが、食行動の発達を通してよくわかります。

3．運動機能の発達と食べ方

「這えば立て、立てば歩めの親心」という言葉に、わが子の順調な発達を願う親の気持ちが込められています。「あんよは上手」など乳児期からいろいろな運動をさせ、1歳過ぎころには立って歩けるようになるためにも、しっかり食べたくさんハイハイさせると足腰が強くなるといった考えは、いまだに広く信じられているようですが、「飯詰籠児（うずめ子）」という東北地方で広く行われていた育児風習からも、根拠のないことがわかります。

「飯詰籠」とは、東北地方一帯に冬期にごはんを温かくしておくために、藁で厚く編んだ籠に入れておく習慣がありました。ある農婦が自分の子どもを寒さから守るため、その籠に入れたところ、非常に温かそうでよく眠るし、安全で手数も省けることに気づきました。これがたちまち各家庭に広まったという習わしですが、「飯詰籠」で育った子どもはハイハイの運動経験が少なかったのに、1歳を過ぎるころから歩き出し、発達の遅れはないんら報告されていません。

立位二本足歩行のように人間の基本的な運動能力には、すでに脳にプログラミングされているものもあり、トレーニングすることが発達にさほど影響しないこともあります。

発達の原則的な順序

運動機能の発達には、遺伝的に定められた一定のルールがあり、寝返る、首が座る、座る、這う、立つ、歩くなどの順序性があり、首が座らないままで立ったり、歩いたりすることはありません。離乳開始の目安のひとつに首が座ることがあげられますが、理にかなった子育ての知恵といえるでしょう。

また、頭に近いところから自分の意志で動かす（随意）運動が見られ、頭部に近い部分から下半身へ、中心部から末端へと方向性に基づいて発達し、随意運動が可能な部位は全身に広がっていきます。

摂食機能は発達の一現象であり、子ども自らが食事できる行動を獲得するには、発達段階にそった体験学習やその内容が影響していきます。

吸うことから食べることへの発達

食べるための基本的な動きは、胎生期である妊娠八週目ごろに首が腹側に動き、12週目頃には飲み込む能力が、24週目ごろには哺乳行動が確立されると報告されています。したがって、「吸う」ことは生来的なものであり、探索反射・捕捉反射・吸てつ反射・嚥下反射と、一連の原始反射的な哺乳運動によって行われる行為ですが、咀嚼や嚥下の機能は生来備わっておらず、順序をおった後天的な学習が必要です。口唇や口角、舌、下顎を動かすトレーニングを経て、徐々に獲得していく随意運動で、そのために、脳で食べる感覚と運動が一体化されていること、嚥下が上手くできること、何よりも呼吸との関連性は見逃すわけにはいきません。

鼻呼吸や口呼吸がうまく交錯できているか、目と手と口が供応しているか、これらのポイントを観察しながら、離乳期の食事を進めていきます。

美しい箸さばき

手や指の動きは、身体の中心から末端の指先方向へ、全身的な粗い運動から細かい動きへと方向性に基づいて進み、原則的にはその順番を飛び越えることはありません。食行動は手指の運動機能と共に、「手でつかむ」「手でつまむ」「手首が自在に動く」「スプーンを上から握る」「スプーンを下からもつ」「箸を使う」など、段階を経て発達していきます。

座って食べられるようになったら、手づかみ食べを重視し、食べものの感覚を手のひらで体感させます。1歳を過ぎるころには自分でスプーンを使いたがり、1歳半ごろになると離乳も完了して、食事の形態や内容も変わり、スプーンだけでなくフォークも使えるようになってきます。突き刺しもちから下握りもち、親指・中指・人差し指の3本で鉛筆もちができるようになると、「箸使い」の指先の動きに近づいてきます。刺したり、すくったりするフォークやスプーンの使い方を通して、お絵かきや遊びを通して、指先の力加減を覚えさせましょう。

2歳後半になると箸に興味を示し、使いたい気持ちがはやりはじめます。3歳前後になると、箸が少しずつ使えるようになるので、扱いに注意して、生活や遊びの中で楽しく、繰り返し練習することが不可欠です。子どもに教える前には、親や保育者も自身の箸の使い方を見直しておきましょう。

わが国の伝統的な食文化のひとつに、「箸さばき」があります。

箸は一膳といい、細い2本の棒でつかむ、ほぐす、切る、混ぜる、くるむといったさまざまなさばき方があります。しかし、食事内容が洋風化し、使う食具も変化して、箸を使わない食事が多くなりました。子どもたちだけでなく、正しい箸のもち方や使い方が苦手な大人たちも多くなりました。学生食堂での学生たち、ファミレスでベビーカーに子どもを乗せた若い母親たちの手元を見るにつけ、簡単で便利な生活様式の影響を受けて、日本人の手さばきが本当に不器用になってきたことを痛感しています。

また、テレビを見ながらの食事では、箸さばきどころか姿勢も悪くなり、会話も弾みません。パン食が多いと、お箸の使い方は一向に上達しません。食事中はテレビの音を小さくし、子どもと向き合って会話を楽しみながら、良い姿勢でお箸を使って食べることは、心身の健康保持には欠かせません。

どんなに容姿が美しい人でも、握り箸やクロス箸、ねぶり箸やくわえ箸で食べる姿には幻滅してしまいます。箸さばきはその人の品性や所作動作など、しぐさに品格が表れます。

4. 味覚の発達とトレーニング

偏食は、幼児の成長過程でよく見られるひとつの現象です。子育てをしている母親の4人に1人は、食事での悩みごととしてあげ、保育現場でも問題視されることがたびたびです。

偏食の定義は明確にされていませんが、単なる好き嫌いではなく、自我が芽生えはじめる3歳前後から発生しはじめ、「食べられる食品の種類が極端に少ない」「好きな食品に偏ってそればかりを食べる」といった食事内容の偏りが、身体の発育に大きな影響をおよぼしてしまいます。

偏食する幼児の特徴は、カウプ指数がやせに入り、皮膚の光沢も悪く、貧血気味で、体力測定の結果も劣っています。また、生活面では依頼心が強く、指しゃぶりや神経質な子どもに多く見られます。大半は、家庭での食生活のあり方に問題があり、家庭での食環境の見直しや工夫、改善が求められますが、集団の場での食環境の工夫や演出も大切です。この時期（3歳から5歳ごろ）に直しておかないと、学童期、思春期に移行してしまいます。

味覚のトレーニングは、離乳期後半から児童期後半までが可能な時期だといわれ、特に幼児期は脳の発達に伴った絶好の味覚レッスン期で、見逃すわけにはいきません。家庭と園での食事を介して、食材に触れ、色や形、匂いの感触を受け止めて、世の中にはいろいろな食べものがあるという感覚をどう育てていくか、根気強くくり返し、味覚のレパートリーを広げていく進め方が問われます。

味覚を育てる

味覚は、舌面の味蕾から大脳へ刺激が伝達されて起こる感覚で、味わうという感覚は、学習や経験、意欲といった脳の発達が不可欠です。

味には、甘味、塩味、酸味、苦味、旨味の五原味がありますが、甘味と旨味は乳糖の味で、生後2カ月ごろから甘味に対する反応が見られ、子どもが好む味です。

甘味は、生きるために必要なエネルギー源になる栄養素と関係した味で、旨味はグルタミン酸やイノシン酸といったたんぱく質の一種で、人間にとっては重要な栄養素の存在を知らせる味です。したがって、この2つの味を子どもが好むのは、生理的にも当然といえます。中でも甘味に対しては本能的な欲求があり、エネルギーの補給以外にも、心理的な満足感が得られます。しかし、慣れてくるとエスカレートし、濃い味を好むようになって生活習慣病の引き金になるので、離乳期からのうす味に慣れることが重要です。

塩味は、人間が生きるうえには不可欠な味で、特に成長期の子どもには必要とされます。しかし、その量は食品中に含まれる量で十分充足でき、特に食塩として加える必要はありません。離乳食でも食品を選んで与えれば、無塩に近いものでもよく食べます。塩味に対する慣れはかなり早くから生じ、生涯続くために、離乳期からのうす味を徹底しなければなりません。

酸味は食べものが腐敗した味に似ているので、子どもの多くは嫌います。また、苦味と辛味は有毒物が入っていることを知らせる味でもあり、口に入れると反射的に吐き出し、本能的に嫌います。しかし十分にトレーニングを積み、年齢を重ねると受け入れられる味になります。しかし、酸味と甘味で甘酸っぱい味になると、子どもが好む味になり、ヨーグルトやみかんは離乳食でも用いられます。

味覚は、離乳食にはじまる食体験によって形成されます。生活習慣病の引き金ともなる糖分や塩分の過剰摂取には十分注意し、離乳期からのうす味を心がけましょう。

食嗜好の形成

食べものの好き嫌いや味つけの好みは、生まれながらにして決まっているわけではありません。成長や発達状況によっても異なり、個人差も大きく、咀嚼力を獲得してから後天的につくられていくようです。

はじめて固形食を口にする離乳期は、食べものを口にするたびに新しい味に出会い、受け入れる体制が整ってきます。しかし、年齢が進むにつれてその許容範囲は狭まる傾向にあり、3歳くらいまでに、その子どもの基本的な味覚ができ上がるともいわれています。

したがって、離乳期に使った食品に偏りがあり、食体験が少なかった子どもは、幼児になって経験したことのない食べものに出会うと、戸惑い、嫌がって、結果的には偏食に陥ってしまいます。つまり、味の体験不足が偏食の原因を引き起こしているというわけです。

好き嫌いはなぜ発生するか

なぜ、自我意識が芽生える3歳前後から、食嗜好（好き嫌い）が発生するのでしょうか。

人は生まれつき、おいしい、まずいを区別する能力をもっているといわれ、口に含み、その刺激を受けとって反応するとき、質や強さをどのように認知したかが重要な要素になります。また、その要素が快か不快か、逃避するべきか否かなどの情動要素となって、嫌な色だな（視覚）、ヌルヌル、パサパサして食べにくい（触覚）、苦くて、酸っぱくて食べたくない（味覚）、生臭くて嫌だ（嗅覚）といった感覚が組み合わされ、脳に捉えられて記憶することにより、食嗜好（好き嫌い）が発生するのです。

乳児期からの食生活の積み重ねを通して、いろいろな味を体験し嗜好は形成されていきますが、子どもの食嗜好と味覚の関連性は深く、味覚学習のあり方が大きく影響してきます。

食嗜好のメカニズム

食べものを食べたときの味覚の情報は、味覚神経を通って脳に送られます。大脳皮質で味の強さや質が分析され、扁桃体でおいしいかまずいかを評価して、その情報が視床下部へと送られて、そこで食欲や食行動の調節をしています。したがって、味覚学習は初期体験や初期学習が重要です。

子どもの偏食は、脳の発達と共に、その性格や情動（心の動き）が深くかかわっているようです。性格は生まれつきの素因により作られる部分が大きいですが、嗜好と性格は多分に相関的なところが多く、非常に神経質で消極的、内向的な性格の子どもは、食事の与え方が適切でも、食べものに対する警戒心や抵抗感が強く、偏食に陥りやすいといった悪循環を繰り返すことがよくあります。また、心理的要因で起こる偏食は、脳がある程度発達した3歳前後から表れてきます。

このように、子ども時代の食体験は、いろいろな食品の味を体験することによって味覚が発達し、そのときのさまざまな生理的、心理的、環境的な影響を受けながら、食嗜好が形成されていくのです。

5. 食事場面に見られる子どもの心の育ち

子どもにとっての食事は、栄養摂取のためであると同時に楽しみでもあり、精神的な育ちを獲得する場でもあります。近年、子どもを取り巻く環境は決して良好なものとはいえませんが、子どもの心の育ちと食習慣の成立については、今後の重要な課題のひとつです。

授乳場面に見られる愛着の形成

特定の人（母親など）を目で追う、語りかける、微笑むなどの愛着行動は、授乳による母子間の接触を通して形成されていきます。スキンシップで得られた身体的安心感や眼差し、匂いの交流は、母子相互作用を通して、母子共に満足感を与え情緒が安定します。

人としての発達の基礎は、母子愛や子どもから母への愛着行動が基本となります。授乳による母子相互作用こそ母と子の絆を深め、子どもの心を育てるためにも不可欠です。

手づかみ食べに見られる知的な育ち

離乳後半になると、何でも触れたがり盛んに手でつかもうとします。手のかかる時期ですが、この探索行動は乳児の知的好奇心の表れでもあり、この行動を規制すると、主体性や後の学習への意欲に悪い影響を及ぼすとされています。

また、食事場面での探索活動は、「外界に働きかけることで、自分の力で制御できるという確信をもつ」（ベッテルハイム・B）といった能力を培うことにもなります。養育者は、望ましい食習慣の確立を急ぐあまり、乳児の感覚刺激から起こる運動や行動を、むやみに禁止することのないように、気持ちにゆとりをもって、探索活動を見守ることが大切です。

望ましい食習慣は、子どもの発育や発達状況に応じて培われます。大人が一方的に「教え育てる」と思い込んで押しつけるのは強制であり、躾とはまったく別問題です。

一人食べに見られる自立へ向けた育ち

1歳半ごろになると、食具や食器をもって1人で食べたがり、盛んに大人の模倣をして食べるようになります。また、食べものを人に差し出すという行動もよく見られ、対応した場合は子どもとのやり取りが成立し、無視したときは一方的な関係となって、散らかし食べ、遊び食べに移行するという報告もあります。この時期の養育者とのやり取りが、言葉の発達や人に対する信頼関係の基礎となり、その後の生活習慣の成立にも大きく影響してきます。

2歳ごろになると立ち直りの心も芽生え、繰り返し練習を積み重ねて、2歳半ごろには援助を必要とせず、1人で食べられるようになります。

共食に見られる社会性の育ち

2歳ごろになると、食事の挨拶や簡単な食事のマナーを理解しはじめ、人と交流ができるようになります。健康な社会生活を営むうえでの習慣を身につけることは、社会を学ぶことにもなります。

家庭での食事のあり方を通して、自分なりの食べ方を身につけていきますが、成長の過程で子どもの関心は、家庭から集団生活の場へと広がり、それまでの家庭における固有の食生活のあり方が次第に社会化され、集団の場を介して社会性を身につけていきます。保育者や友達への関心は、友達と一緒のものを食べること、保育者の温かな言葉かけで食べてみようかなと思うこと、などから広がっていきます。

6. 意欲を育てる「楽しい」食事

空腹なのに食べたくないという経験はありませんか。

このように、「もっと食べたい」「もういらない」という食欲のコントロールは、胃ではなく脳でつかさどられます。人間の脳はさまざまな刺激に反応しますが、「楽しい」という感情が食欲や意欲を起こすきっかけになるのは、脳が発達している人間だけに見られる現象なのです。

食欲のメカニズム

見たり、嗅いだり、味わったりして食欲は起こりますが、料理する音や食事時間のチャイムなどの音にも反応します。

外からの刺激を受けて食欲を起こすのは大脳皮質で、部位によってその働きは違っています。胃の中に食べものがなくなると、この刺激が胃に分布する神経の末端から、脳の視床下部にある摂食中枢に伝わり、細胞が活発に働きだして食欲が起きるのです。また視床下部には、もうひとつ食欲に関係する満腹中枢があり、胃に十分な食べものが入って胃袋が伸びると、その刺激が脳に伝わって、食欲が抑えられるのです。この2つが相互に作用する仕組みを、食欲中枢といいます。

食欲と意欲との関係

子どもは発達と共に「食べる力」を身につけていきますが、食事体験を通して、脳にはさまざまな刺激が与えられます。

空腹が満たされた満足感、おいしく食べられた充実感や満足感などのよい刺激が、前頭連合野に伝わると、視床下部にある摂食中枢を刺激するだけでなく、大脳辺縁系にある側座核を刺激してやる気を起こします。したがって、子どもにとっての食べる行為は、意欲や好奇心、探究心を育てることにもなるのです。

また、大脳辺縁系にある扁桃核は、五感の情報を集め、自分にとって快いか、安全なものなのかなどを判断することから、「好き嫌い」を決定する脳とも呼ばれています。その判断をくだす際に、脳神経が集中して脳内物質（神経伝達物質）を分泌します。

ドーパミンやセロトニンは心を癒す快感物質といわれ、精神状態が安定し、リラックスして和やかな気分になると分泌され、脳を刺激して身体の免疫力を向上させ、血液循環を改善して、積極的かつ意欲的になります。反面、ノルアドレナリンは怒りやストレスを感じたときに分泌され、意欲がなくなり積極性に欠けて、無気力でうつ傾向になりやすいのです。

二木武氏の研究で食欲と意欲と性格には、密接な関連性があることが明らかにされています。1歳から3歳にかけてこの関連性は強くなり、3歳ごろにピークをむかえるようです。したがって、3歳ごろまでの食べ方は、性格形成上重要な意味をもつといえるでしょう。また、楽しい食事を体験していないと、セロトニンなどの物質の分泌が少なく、キレル子どもになりやすいともいわれています。

楽しい食事が育てるもの

食育において、子どもの健全な成長や発達を促すことは重要な課題です。

感性の発達や情緒安定、好奇心や探究心といった積極性や意欲、コミュニケーションを通した社会性など、就学前までには形成しておきたい大事な課題です。

人類学者の石毛直道氏は、「動物は餌を食い、人は食べものを食べる」と述べました。

本能としての食べる行為は動物も人も変わりません。しかし、食べものを調理していかにおいしく食べるのか、みんなと一緒に会話しながら楽しく食べるのか、といった精神的・文化的な面が餌と食事との決定的な違いであり、人間は唯一生きものの中で、食べることの学習ができるのです。

また人間は、動物とは違って生きるという生物学的な面のほかに、よりよく楽しく生きたいという文化的な面も備えており、人として育っていくプロセスの中で、体験的な食学習が大きな意味をもつのです。なぜならば、人間にとって食べることは、単に生存や生理的な意義だけではなく、大脳の発達が関与してくる精神的な現象も含むからです。たとえば、ミルク嫌いや大食いは、母子関係が安定したものであれば起こりにくく、逆に養育態度が放任や子育てに無関心であると、食事を十分に与えても発育が悪く、欲求不満から過食になるケースも少なくありません。つまり、楽しく食べることは食欲を発達させ、意欲や心の発達の原動力になるということです。

7. 共　食

食事は誰かと共に摂ることで、初めて本来の機能を発揮します。共に食することで共感性を増し、交流することで関係を温めて共通感覚や親密さを築くからです。また、子どもとの共食は、食行動のモデリングの機会ともなります。

室田洋子氏は、「食卓での人間関係は、心を育てること（人格形成）、心を立て直すこと（不調回復）など、人間関係の構築や修復になくてはならない働きを作りだす場である」と述べています。まさに家族とのいきたコミュニケーションを、対等な関係の中で得る大切な場が食卓の状況であり、食事を共有する関係であるといえるでしょう。

しかし今、この家族での食事が大変な勢いで変化しています。孤食、個食、中食、外食などが増加し、家族のために料理して、家族が集い、にぎやかに食するというごく当たり前の状況が急激に減っています。調理済みの食品が食卓に並び、家族がそれぞれバラバラな時間帯に食べ、会話もなく、テレビの音だけが響く食事は本当に味気ないものです。

このような状況の中では、子どものコミュニケーション力も支障をきたし、他者とのかかわり方や相手の心を感じる感覚、場の雰囲気を理解する力、受け入れられていると感じる安心感さえもてなくなってしまいます。このような感覚はふだんの生活の中で、家族と囲む食卓の中で身につけていくのが自然で、おいしい食事は、家族関係や人間関係が円満で和やかなときに、おいしく感じられるものです。

気のおけない安心できる場であるはずの食卓が、家族関係の機能を失った場として便利さと引き換えに存在し、その状況はますますエスカレートしているのが現状です。

社会を震撼とさせる子どもの事件を聞くたび、不登校やキレル子どもの状況を目の当りにするたび、ニートの増加を知るたび、リストラで焦燥感に溢れた大人に出会うたび、今必要なのは、人が集い、かかわる安定感のある場ではないかと思います。

台所を子育ての場に

「子どものおつかい」という番組を見るたびに、ほほえましい、可哀そうという大人の感想を耳にします。しかし、子どもに自己肯定感を育て、自尊感情を体得させるには、絶好の機会だと思いませんか。

幼児期後半から、買い物や食事づくり、片づけを手伝うことで、「食」への関心や興味が高まり、家族、特に母子の絆が深まることは、調査結果などでも明らかにされています。また、健康度の高い子どもほど、食事づくりやお手伝いをする割合が多いことも報告されています。

しかし、「子どもの体験活動等に関する国際調査」によれば、日本は諸外国に比べて片付けはほぼ同じ値でしたが、食事づくりへの参加は極めて低い傾向を示しました。「まだ無理」「後片づけが大変」と親が決めつけて、子どもからお手伝いの場を奪っていないでしょうか。

実際に、子どもは母親と一緒に台所に立つことを好みます。邪魔になりながらも、ちぎったり、むいたり、潰したり、混ぜたりと、無心にお手伝いに挑みます。お手伝いは子どもが努力してできるものでもなく、大人がその機会を作り、プロデュースすることが重要なのです。

台所は五感を働かせて、生活の技や動作を体験し、生活の仕方を身につける学びの場でもあります。子どもの学びは模倣からはじまり、やり通すことを体得し、褒められて自信を得た子どもは、次には人のために働く喜びを覚えます。

家庭での食事は、栄養価や栄養摂取だけでなく、家庭の生活の仕方や態度、生活の感覚や工夫、家族が集うあうんの呼吸、力を合わせて分かち合う安心感など、数多くの体験的な学習内容が含まれています。大人が力んで教えようとしなくても、子どもと共に食事づくりをし、楽しく語らいながら食べ、片づけてきれいになる感覚を毎日繰り返し体験することが、家庭で進める食育なのです。まさにこの繰り返しが、食に対する知識（食を選ぶ力）や常識（マナーやルール）、判断力（エコに対する力）を子どもが身につけていくプロセスだといえるでしょう。

米をとぐ際に洗剤を入れ、泡だて器で混ぜながら洗う中学生がいることを知ったとき、鶏の足を４本描いた大学生を知ったとき、切り身が海におよいでいる絵を書いた園児を知ったとき、ただごとではすまされない、笑いごとでもすまされないことを痛感しました。

大上段に構えずに、お手伝いを実りあるものとするためには、つくる喜びを通して、食事に寄せる心や感性、自主性といった子どもの心が育っていることを、大人が認めることです。

食事を通して、子どもの発達について概観してきました。子どもの成長はある側面から捉えるのではなく、さまざまな要素を関連させながら捉えることが大切です。

今までの栄養学は、ともすれば子どもの体位向上を目的としてきましたが、現在は心とからだと食事の関係が注目されるようになりました。飽食の時代、食育ブームの時代を迎え、さまざまな立場の人が「食育は大切だ」といっていますが、食生活がどのように大切なのか、人間関係の希薄化が指摘されている家庭での食事にはどんな要素が必要なのか、心の育ちには食卓がどう影響するのかを、観念論で終わらせず、どうあったらいいのかを研究し、立証していくときでしょう。

子育ての専門家としての保育者は、乳幼児の発達理論や人間の精神構造、さらにはその機能についての知識を身につけて、保育にあたらなければならなくなりました。核家族化が進み、昔のように子育ての知恵袋である祖母が側にいて、母親は周囲の者に助けられながら育児を行うということが非常に少なくなってきたからです。

昔の子育ては、社会環境によって救われていました。

今の子育ては、社会環境によって救われるでしょうか。

第5章　食も学習なり

食育は、人としての自立と自尊のための生涯学習として位置づけられるものであり、乳幼児期の食育のねらいは、望ましい生活習慣の定着や食生活を営む力を育むことにあります。人間形成の基礎を培う極めて重要なこの時期に、1日の生活時間の大半を過ごす保育の場において、発達にそった食行動や望ましい食習慣の定着、心豊かな人間性の育成などが、現在、声高に食育の推進として叫ばれています。

しかし、望ましい生活慣習や食習慣の形成は一朝一夕にできるものでもなく、幼い頃からの毎日くり返される体験的な学習の積み重ねが、後にその成果として現れるものです。

食育のねらいは、単に知識の習得ばかりではありません。また、子どもへの「食」の教育や指導を行う際、子どもの行動観察や食生活をよく把握し、共感的に理解し合うことが不可欠で、そのためには、食育も学習のプロセスと捉え、やってみると面白い、面白いと次のことが知りたくなる。試してみると役に立ったと子どもが感じ、自分でするようになっていくといった進め方が大切です。

食事は、子どもにとって楽しみなものでもあり、大人の一方的な押しつけにならないように、根気強く愛情をもってかかわり合うことです。それには、教える、指導するといった上下関係での学びでは意味がなく、「子どもの育ちを支える」といった大人の姿勢が求められます。子どもが楽しい気持ちで食事ができる環境を整えることや、食事のあり方が心身の健全育成につながっていくように、今日的な「食」の課題を網羅しながら、食育に取り組まなければいけません。

推進ということに振り回されていては、教育的な効果は期待できません。

1. 保育所や幼稚園、学校の給食を介して

戦後、ユニセフの救援物資（ララ物資）として、脱脂粉乳とパンの給食がはじまり60年余が立ちました。当時は栄養失調が多く、給食は子どもたちの栄養補給が目的でしたが、今では子どもの体位も向上し、栄養摂取のほかに人間関係の構築や社会性を育てる、さらには地域をつなぐ給食へと、その役割も大きく変化しました。

健康づくりという保育は、生命そのものに直接かかわる営みであり、それだけに活動の源である食べものや食べ方は、全職員が一丸となって親と共に、子どもの健全な育ちを確認し合って、進めていかなければならない重要な保育内容です。

食育基本法が制定され、国民運動として食育の推進に力が注がれていますが、これからの保育所給食の運営は、自園給食のよさを発揮する活動や、きめ細やかな食事内容の充実を図っていくことがより一層求められます。保育行政の動向を見据えつつ、どの子どもにも平等に、生きる権利を保障する健康づくり保育を全職員と共に、親との交流を根気強く培いながら、家庭や地域に浸透させていく活動内容が問われます。

「今日の給食なに？」と子どもたちの期待にこたえられるように、「ここに預けてよかった」と父母からいわれるような給食を提供していくためには、保育内容の一環として食事を位置づけ、給食や調理の専門性を高め、子どもの望ましい食生活を保障する実践や研究活動に取り組む姿勢が求められます。

食育の基本は食事内容なのですから。

2. 家庭での食事を介して

家族1人ひとりのライフスタイルが多様化し、家族全員がそろって食事をする機会が少なくなってきています。近年、子どもの孤食化が指摘されていますが、その状況はますますエスカレートするばかりで、一向に改善の兆しが見えません。家族と一緒の食事でも、テレビを見ながら無言で食べていることも少なくありません。

国民栄養調査によると、朝食、夕食共に両親と食べる割合が年々減少しており、子どもだけで食べる割合が増加しています。

家庭での食卓は、親から子どもへよりよい習慣が継承される場でもあり、家族での団らんを通して、子どもは家族の一員としての役割分担や、人格形成に必要な基本的な信頼関係を学ぶなど、家族の愛情や信頼を育む場として、その役割は大きな意味をもっています。しかし、現在の食卓情景は、世界中から集められた食べ物が並び、季節感や地域性がわかりにくく、さらには外食産業が急増して、食事は家庭でするという習慣や概念が非常に薄らいできました。

総務庁統計局「家計調査」によると、食料支出額に対する食の外部化比率は、1975

年度は13・1％であったのが、1999年度では、25・7％と、25年間で急激に増加してなんと2倍を占めるまでになりました。その結果、「料理を作ること」「料理を食べること」の距離間がますます離れ、その影響を受けて作ることに興味や関心がない、お手伝いをしない、外食することが当然といった子どもたちが急増しています。

作ることや食べることは、親子や家族のふれあいが最もとりやすい場面で、連帯感を深め、人と人とのかかわりを強化する絶好の場ともなるのですが、戦後60年余、わが国の核家族化は拍車がかかったように進み、家族関係が希薄化して、特に家庭での食卓や食生活に大きな変化をもたらしました。

核家族化や少子化は、家族の絆を希薄化させています。

子どもの健全育成といった視点から、改めて食への興味や関心の高まり、家族の絆の深まりなどを問い直し、まずは各家庭で立て直しをはからなければならない大切なときです。

3. 育児の父親や男性参加

核家族化が進み、子育ても縦断型（親子、嫁姑）から横断型（夫婦）へと急速に移行しています。父親が育児に参加することの重要性が叫ばれ、妊娠期から夫婦で学ぶ育児教室や親父講座、出産の場に立ち合うなど、各所轄でさまざまな企画が立てられ実施されています。また、書店には子育てに関する雑誌や書籍が並び、情報源は満ち溢れています。

しかし実際には、父親が参加できる企画はまだまだ少なく、参加したくてもできないのが現状のようです。また、呼びかけに対して参加する父親は徐々に増えてはいるものの、積極的に子育ての書籍を購入して学ぼうとする父親はさほど多くなく、その結果、父親と母親の子育てに関する知識や技術の差は歴然で、父親はただ可愛がるだけといったかかわり方がまだ多いようです。

子育てを話し合える夫婦は、生活への共通理解や認識を得ることができます。育児の役割についても、直接的でなくても間接的な要素に重要性があるということに気づくと、夫婦関係も変わってくるのではないでしょうか。

事例から学ぶ父親の育児参加

長野市の中心市街地門前プラザに、子育て支援施設子ども広場「じゃん・けん・ぽん」があり、毎日多くの子どもづれの親子でにぎわっています。「ながのこどもの城」いきいきプロジェクト理事・小笠原憲子先生のお話からも、父親の育児参加についての現状が見えてきます。

おっぱいがないから

子ども広場「じゃん・けん・ぽん」の食事コーナーで、椅子に腰かけた子どもの手を、お父さんがふいています。次に、かばんからパックを取り出し、話しかけながら、子どもの口にスプーンで食べものを運んでいます。口の周りをふきながら親子で何か楽しそうにお話をしています。

しばらくして、「パパと一緒でいいね。おいしかったですか?」と声をかけると、子どもはニコニコして満足そうです。「お父さん上手ですね。」というと、「ようやく1カ月が過ぎて要領よくできるようになったかな。」とのお返事がありました。お聞きするところ、お誕生日をむかえ1歳が過ぎてママは職場に戻り、パパと子育てを交代したそうです。

「おっぱいがあることは強いことですね。」とパパがポツリともらしました。

ママが帰宅すると、パパには見せたことがない笑顔を子どもが見せるとのことです。それを見て「おっぱいのある母親にはかなわないな、こんなに一所懸命に面倒みても、忘れられてしまうだろうな。」と悲しくなってしまうそうです。

日曜日「マタニティーセミナー」グループで、パパグループは広場に遊びにきている先輩パパのお話を聞く時間があります。ある日曜日1歳4カ月と4歳の男の子の鎌田パパが、「母親は眠っているときでも、子どもの声ですぐに目を覚ますのが不思議だ。これはおっぱいとのつながりがあるのかな。」と話されました。おっぱいを飲ませてくれる母親には、どうもかなわないと思い込んでいるお父さんたちが多いようです。

お料理教室で

子どもたちの料理教室に、年長児の双子の兄弟が参加してきました。彼らは準備のときから先生に質問攻めです。デモンストレーションの時間も、とても楽しそうに先生とやり取りしながら聞き入り、調理実習がはじまると積極的に動きだしました。

「上手だね。お家で、お手伝いしているの?」と聞くと、「うん、お父さんとね。餃子とか作るんだよ。」とのことです。何回目かのお迎えのとき、お父さんに「よくお料理されるんですか?」と声をかけると、「やらざるを得ないからね。」との言葉が返ってきました。お父さんと子どもたちとワイワイ楽しく夕食の支度をして、お母さんを待っている姿が目に浮かびます。

親子料理教室での光景で、なにか違うと感じました。何が？　と思って見回すと、子どもに対する対応がお母さんとお父さんでは違うことに気づきました。お母さんは子どもに次から次へと指示を出しています。お父さんは、子どもがしていることを見守っています。でき上がり時間は同じでした。どちらの子どもがより楽しかったのかなとふと思いました。

子ども広場は女性向き？

最近、土・日曜の子ども広場は、「今日はお父さんデーですか？」と聞くほど、お父さんと子どもづれで賑わっています。父親の子育て参加が珍しくなくなってきましたが、平日も１人２人の参加でも、違和感なく子どもと遊んで行かれます。

そんなある日、フロアー横のソフトベンチで、ミルクを飲ませているお父さんの姿が目に入り、こんな埃いっぱいのところで赤ちゃんが可哀そうにと思いました。そして、アッと気づきました。父親のための授乳室がありません。広場が開所して６年目にようやく気づいた大事なことでした。授乳室はあるのですが、男性の入室は禁止です。今までのお父さんたちは、食事コーナーで座って授乳をされていたようです。お父さんたちは、きっと椅子に腰をおろして授乳をしたかったでしょうに。父親の子育て参加を応援しようといろいろ計画をしてきましたが、環境が整っていないことに気づきました。
父親も、自然に子育てに参加できる環境づくりが必要です。

ダイナミックな遊びはお父さんの得意技！
段ボール箱で作られた引き車に乗った男児は、キャッキャッと声を立てて大喜びです。それを引いて回してダイナミックな動きのお父さんも、子どもの喜ぶ声に大満足の様子です。周りで見ているスタッフたちは、ハラハラしながらも「大丈夫かな？　いつ声をかけようかしら？」と悩みつつ、2人の遊びを見守っています。最後まで遊びきって、父と子は大満足の様子です。お父さんの得意な荒っぽい遊び方は、子どもの発達にとって非常に大切なのです。

少子化と男女共同参加に関する専門調査会「少子化と男女共同参画に関する意識調査」

の結果を見ると、2006年度ワーク・ライフ・バランスの希望と現実は、「仕事・家事・プライベートの両立」を希望している人は32・1%、両立している人は7・8%、仕事優先で両立できていない人が51・2%でした。また、就労既婚男性2、000人を対象にした「ワーク・ライフ・バランスの実現度と仕事への意欲」に関する調査結果を見ると、バランスが取れている人の方が2・6倍、仕事にも積極的であることがわかりました。

子育てと仕事の両立は大変な問題ですが、自分たち流のやり方を模索することの方がもっと大変です。しかし、子どもをどう育てていくかは、夫婦の個性であり、自分流の生き方への追求にもなるようです。

4. 食育の基本は毎日の食事内容

人はなぜ食べるのでしょうか。

生きるため、発育・発達を促すため、健康の保持や増進をはかるために、いろいろな食材を組み合わせて調理し、食事内容を整えて必要な栄養を取り入れ、生命現象を営んでいるのです。しかし、子どもは幼若な時期ほど発育が著しく、身体の栄養要求量を多く必要とします。この点が大人と子どもの栄養や食生活の決定的な違いで、子どもは発育・発達するために食べなければいけません。

小児栄養学とは、発育、発達するための食品を選び、その組み合わせを考えて、楽しく食べられるように育っていく子どもの育ちを支えるための、実践的な学問であるといえるでしょう。また、食育の基礎的な領域であるととらえることができるでしょう。

栄養と栄養素と食生活

身体をつくり、生命の維持や活動に必要なエネルギー源、さらには生命現象を営む調節物質を体内に取り込み、変化させて活動に役立たせる現象を栄養といい、この際に取り込んだ食べものに含まれているものを栄養素といいます。したがって「栄養になるから食べる」のではなく、「栄養素になるから食べる」といったほうが正しい子どもへの言葉かけです。

人に必要な栄養素は、糖質、脂質、たんぱく質、無機質、ビタミン類で、一般的には五大栄養素と呼ばれその他に水分があげられます。摂取量の不足が長引くと栄養状態が悪化して欠乏症となり、逆に多く摂りすぎると排泄されますが、過剰症を起こす栄養素もあって、今問題になっている生活習慣病や肥満がその例です。

このように、1人ひとりが必要な栄養素をバランスよく摂る営みが、食生活です。保育における食育は、「自分の食べものは自分で選ぶ、自分の健康は自分で守る」ことをねらいとして、食べものを選ぶ力の育成や、食生活を営む食べ方の学びが問われているのです。

食べものと食べ方

近年、食生活を取り巻く社会環境が激変し、個人の食行動が多様化して、その影響を子どもたちがもろにうけ、さまざまな食を通しての問題行動が指摘されています。

前述したように、食生活と栄養は同じものではありません。栄養素摂取から見て理想的であっても、子どもの食欲が満足するとはかぎりません。ある研究者が1カ月間子どもに自由に食べさせたところ、1回の食事ではごはんばかり食べたり、おかずばかり食べていたように見受けられましたが、実は1カ月の期間中に食べた総量を平均すると、自分に必要なものを、合理的に選んで食べていたと報告しています。

成長過程で、毎日朝、昼、晩くり返される食べるという行為は、成長するため、健康を維持するための食べ方から、自分の嗜好を満足させる食べ方に変わっていきます。食べ方の変化が急速で偏重傾向にあると、肥満や糖尿病、高脂血症などの病気を併発してしまう恐れがあります。

このような劣悪な状況から逃れるには、どうしたらよいのでしょうか。

乳幼児の1日は、遊びと睡眠と食事で成り立っていますが、このリズムが生理的な発達に合わせて、心地よく規則的に繰り返されることが、心身の発達に大きく影響します。したがって、規則正しい授乳や食事には生活にリズムを作る役割があり、「いつ」「どこで」「誰と」「どのように」食べるかは、子どもにとって大きな意味をもちます。離乳が完了したからといって安堵し、確立していた食事時間を乱してしまうのはもったいない限りです。

野菜はなぜ必要なのか、ビタミンの摂り方

糖質、脂質、たんぱく質、ビタミン、ミネラルといった五大栄養素をバランスよく摂ることは大事なことですが、近年、身近な野菜の色素や香りなどにも、生活習慣病を予防したり免疫力を高めたりするなど、病気から身体を守る効能をもつ成分が発見され、研究が

続けられています。

その中のひとつであるカロチノイドは、主に緑黄色野菜や海藻などの植物性食品に含まれ、カロチン、リコペン、フコキサンチンなど多くの種類があります。この色素成分は、主に黄色や赤の色で、にんじんやかぼちゃに多く含まれています。カロチノイドは抗酸化作用をもっており、風邪やストレスに対する抵抗力ができ、病気にかかりにくいなど、老化や発ガンを抑制する効果もあります。ヨーロッパでは「トマトが赤くなるほど医者いらず」といわれているほどです。

野菜類には水分が多く含まれ、ビタミン、無機質、食物繊維が多く、そのため整腸作用があり良質腸内殺菌の繁殖を促して、体の調子を整えるはたらきがあります。ビタミンは脂溶性ビタミン（A、D、E、K）と水溶性ビタミン（B、C）の2つのグループに分けられ、余分な量の水溶性ビタミンは水分と一緒に体外へ排出されます。

1日に300g食べるのが理想だといわれていますが、野菜サラダを毎日食べても淡色野菜が多くサラダに用いる野菜もきゅうり、レタスなど種類も決まっているので、必要量を生で満たすのは困難な食べ方です。しかし、加熱するといろいろな料理法（煮る、炒める、蒸す、焼く）で食べられ、そのうえ必要な摂取量が確保できる賢い食べ方になります。

おふくろの味としての「野菜の煮物」は、理にかなった食べ方といえます。現在、栄養補助食品としてサプリメントが出回っていますが、野菜を毎食食べ、バランスのとれた食事を心がけていれば、あえて飲む必要はありません。

主食はなぜ大切なのか、炭水化物の摂り方

ごはん、パン、麺などの主食は炭水化物ですが、素早く吸収されてグリコーゲンになり、エネルギーとして使われます。身体のエネルギー源となる栄養素は、炭水化物と脂肪、たんぱく質ですが、脳だけは炭水化物（糖質）からしか補給しません。したがって、脳の働きには糖質は不可欠な栄養素となります。

また、脂肪は吸収された後、保存エネルギーとして体脂肪に変わって貯えられ、ゆっくりと一定量のエネルギーを出し続けます。このようにエネルギー源としての働きの違いによって、炭水化物は活動するために、脂肪は体温の維持などに使用されています。

主食は、1日の食べものからとるエネルギーの約40％を占めています。主食として食べる量が多いため、主菜や副菜と一緒に摂ることで栄養のバランスが整います。さらに副食

は味が淡白なため主菜のおいしさをより高めます。

主食とおかずを交互に食べると、多少残すことになっても栄養のバランスは崩れません。「おかずだけ食べ、ごはんを食べない」あるいは「ごはんだけ食べる」ばっかり食べがよくないのは、こういった理由からです。

日本型食生活はなぜよいか、たんぱく質の摂り方

人間の身体は筋肉、皮膚、毛髪、臓器など、いずれも主にたんぱく質でつくられています。また、各種酵素やホルモン、免疫体などの生命活動に重要な役割がある化学物質を構成する要素としても、たんぱく質は欠かせません。成長期の子どもが大きくなるのは、体たんぱく質が合成され増えているからです。

また新陳代謝とは、体たんぱく質が分解されて合成されることで、生体は成長し、生命を維持しています。体たんぱく質の入れ替わりは新生児で約25日程度、大人では約55日程度で、速いスピードで新陳代謝がなされていることがわかります。体たんぱく質は、食べものから摂ったたんぱく質であるため、毎日、その必要量を摂取することが必要です。

人体内で合成されている体たんぱく質は、約20種のアミノ酸が組み合わされ作られてい

ますが、このうちの9種は体内で作ることができません。できても量が不足するので、合成するうえで不可欠なアミノ酸ということで、必須アミノ酸（不可欠アミノ酸）と呼ばれています。たんぱく質の中に必須アミノ酸がどのくらい含まれているかにより、体たんぱく質の合成は左右されます。したがって、必須アミノ酸の必要量はすべて同じ量ではなく、一定の比率でバランスが保たれているため、子どもは大人より各種必須アミノ酸の量は多く必要です。

1つの食品で、必須アミノ酸すべてを完璧に含んでいる食品はありません。栄養価の劣る食品のたんぱく質の質を高めるには、欠けている必須アミノ酸または、不足必須アミノ酸を補う必要があり、その場合にアミノ酸を添加することを、アミノ酸補足効果といい、たんぱく質を互いに補うことを、たんぱく質補足効果といいます。このように、アミノ酸を多く含むいろいろな食品を組み合わせて食べると、たんぱく質の栄養価が高まります。

たんぱく質の不足はスタミナ不足をまねくので、ごはんやパン、卵や肉、魚、大豆製品など、消化のよいたんぱく質を多く含むいろいろな食品を組み合わせ、毎日食べることが大切なのです。

主食、主菜を含む日本型の食事がよいわけは、こういったゆえんからです。

朝食はなぜ必要か、食べものと食べ方

保育所や幼稚園に朝食抜きで登園する幼児が増えていますが、一向に改善されません。時間がない、食欲がない、朝食の用意ができていないという理由で、食べない、食べたとしてもパンとジュース、ごはんにふりかけ、お菓子を食べるといったケースが、最近よく見受けられます。親の生活時間の都合で、前日の遅い夕食や朝抜きの習慣、手抜き料理の習慣が、子どもの生活リズムを乱してはいませんか。

昔の人は「早起きは三文の得」といいました。そもそも、朝食はなぜ食べなければならないのでしょうか。

1日3回の食事は、成長期の子どもにとって十分な栄養量を確保するために必要で、1回欠食するとなんと30％の栄養が欠けてしまいます。人は貯め食いはできません。

欠食すると体温が上昇せず、1日の準備態勢も起こらずに、ぼんやりして食欲もわかず、朝から疲れたという状態に陥ってしまいます。不測の事態に、脂肪やたんぱく質はエネルギーとして働きますが、その副産物として炭酸ガスとアンモニアが生成されます。炭酸ガスは身体をだるくて疲労感をもたらし、アンモニアは肝臓に運ばれ解毒されて、尿素になり排泄されるなど、肝臓や腎臓に負担をかけてしまいます。その結果、血糖値が下

がって脳の摂食中枢が刺激され、「食べたい」という要求と食べられない状況のはざまで、身体に疲労感とストレスをつのらせる結果となってしまいます。朝からイライラするのはこういった理由からです。

脳は24時間働いていますが、1食抜くと、動くためのエネルギーが優先して脳への供給がおろそかになり、明敏な脳の活動が停止してしまいます。また、空腹時間が長くなると、体内で栄養素を貯えておこうとする働きが優って、その結果、太ってしまいます。お相撲さんが太っているのはこの原理を利用して、朝食を抜く食べ方をしているからです。

食べものが体内で消化される時間は、ブドウ糖や果糖は30分、半熟卵が約100分、大部分の食べものは約4～6時間程度です。このことから、朝食を欠食すると、食事の間隔で一番長いのは夕食から昼食までとなり、就寝時にもブドウ糖が消化されるため、消耗されたものは補う必要があるのです。朝食は絶対に欠かせないというわけです。

早寝、早起き、朝ごはんはなぜよいか

体温や血圧などは、昼高く夜低いという傾向にあります。また、消化液は朝から昼に活性化するといわれ、子どもの発育に関与する成長ホルモンは、夜寝ているうちのレム睡眠

時に多く分泌され、朝活性化します。このような生理的な活動は、サーカディアンリズムといって24時間周期に近い時間周期を示すものが多く、外から繰り返される刺激が生体リズムに影響をおよぼします。たとえば、朝食を規則正しく食べる人は、その1時間前から消化液分泌の準備がはじまり、腸の蠕動《ぜんどう》運動などが起こりはじめます。しかし、朝食欠食する人は、朝にこうした準備態勢は起こらず食欲がわきません。

規則正しい食事には、こうした生体リズムを整える役割があります。現在、ライフスタイルの多様化に伴って、朝食欠食の増加が見られ、生活リズムの乱れが指摘されています。朝食欠食をすると栄養素の摂取が偏り、健康への影響が懸念されます。

2000年12月、当時の文部省、厚生省、農林水産省の三省合同で出された「食生活指針」の中にも、「朝食で、いきいきした1日をはじめましょう」と謳われており、まずは朝型リズムをつくるために、早寝、早起き、朝ごはんから励行しましょう。

噛む効用、よく噛むとなぜよいのか

学校給食研究会では30年以上も前に、食事のソフト志向に懸念をいだき、噛むことの効用を、「ひ・み・こ・の・は・が・い・ぜ」と説きました。確かによく噛む子は満腹中枢

が刺激され食べすぎず、肥満を防ぎ、味覚が発達して、顎の骨や筋肉が強くなり歯並びがよくなって、言葉の発声が明瞭です。また、脳神経を刺激して脳の発達を促し、唾液の分泌で消化を助けて歯の病気やガンを予防する、さらには胃腸の働きを快調にしてイライラを抑え、集中して全力でものごとに取り組むなど、噛むことの効用を的確に捉え、その重要性を前述のキャッチフレーズでわかりやすく示しています。

現代の食事は弥生時代の卑弥呼の食事に比べ、噛む回数、食事時間共に1／5から1／6程度に減少し、時代の経過にそって食べもののソフト志向が進んでいることを、神奈川歯科大学の斉藤先生が立証されています。

よく噛む食べ方は、離乳期の順をおった学習によって徐々に獲得される行為で、順調に進めるためには、乳児の発達段階にそった進め方と、適した調理形態の離乳食が与えられることが重要です。進め方が早すぎて早期に固いものを与えてしまう、逆にいつまでも軟らかいものを与え続けているなどの状況は、生歯の遅れや歯茎の異常、さらには意欲の低下や無気力などの心理的な障害を招くことにもなりかねません。

食行動の基礎づくりにあたる乳児期は、離乳の過程を通して咀嚼機能をうながし、いろいろな味を体験させて味覚の発達やうすす味嗜好を形成するなど、適正な食生活にむけてのトレーニング期でもあります。

カレーライス、スパゲッティ、ハンバーグ、ポタージュ、プリンなど、食の洋風化が指摘されて随分たちますが、依然として子どもの好きな給食メニューの上位を占めています。現代の食生活はソフト志向や軟食の時代と呼ばれ、軟らかいものを好んで食べる傾向がますます強くなり、その結果、噛めない子や噛まない子が増えています。

子どもには、なぜ間食が必要か

間食はおやつともいい、その語源は八つどき（3時ごろ）に食べたことから、現在でもこう呼ばれています。

子どもの胃袋は小さく、消化吸収機能も未熟で発達途上ですが、身体が小さい割には、体重1kg当たりのエネルギーや栄養素を多く必要とします。そのため1日3回の食事では発育や活発な活動に見合うだけの栄養量を満たすことができず、不足しがちな栄養量と質を食事と食事の間に補うものとして、間食が必要になります。またこの時期は、新陳代謝が盛んなため、水分を補給する必要があり、さらには子どもの活発な活動や遊びの休息、リフレッシュタイムともなるのです。

食事はつらいのに、おやつは子どもにとって楽しみな時間であるために、栄養的に配慮されたもの、思い出に残るもの、親子や家族をつなぐもの、子どもの満足感や友達と同じものを食べて楽しいと思う満足感などを大切に育てたいものです。この満足感や安らぎと食行動は関連しており、子どもの精神面や態度におやつがよい影響を与えます。しかし年齢が高くなると、塾やスポーツクラブに通う子どもが多くなり、おやつの時間が不規則になって生活リズムを乱し、さらには買い食いなどの問題行動が生じて、食欲不振に陥り、心身共に好ましくない状況になることも多く、充分な配慮が必要です。

また、食べる前の手洗いや食後のうがいなどの清潔の習慣化と共に、成長に必要なたんぱく質、カルシウム、ビタミンが補えるものを選び、甘い菓子だけでなく牛乳や乳製品、果物なども組み合わせて、時間や量を決めて与えます。買い食いはさせない、子どもの要求に惑わされないなど、大人の毅然たる態度が問われます。

甘食から間食へ

清涼飲料水1本（250ml）でスプーン5杯の砂糖が入っており、ショートケーキ1コでは23g、アンパン1コで23gなど、ごはん1杯分のエネルギーと同じ量を摂取したことになります。砂糖の過剰摂取は肥満をはじめ、中性脂肪やコレステロール値が高くなる高脂血症の原因となり、心臓や血液循環にかかわる生活習慣病への近道でもあります。1日の平均砂糖消費量は、体重1kgの摂取を目安にして換算すると、体重20kgの子どもの1日の砂糖摂取量は20g以内と考えましょう。

おやつへの気配りは、ややもすると怠りがちになりますが、栄養価の高い嗜好品があふれている飽食の時代だからこそ、量だけでなく質へのこだわりが必要です。子どもにとってのおやつは、食事の延長線上だということを、心に留めて対応しましょう。

5. 取り組みの事例

2008年3月、「保育所保育指針」「幼稚園教育要領」が同時に改定され、1年の準備期間を経てこの4月から運用されています。今回の改定では保育内容の改善が求められています。食育も初めて付記され、保育内容としての「食」の位置づけが明確になりました。

2006年度に実施された「保育所における食育に関する調査」の結果では、食育計画の作成に取り組んでいる園は80・0%で、それをもとに各園で盛んに活動が展開されています。しかしながら、「園で何をするか、何ができるか」を考える前に、「何が欠けているのか」を把握せずに、猿真似のような画一的な内容で活動している園が少なくありません。

食にかかわる保育実践として、家庭や親の食生活の乱れや偏りを補うには、何が必要なのかを常に保育者が自問しながら、地域と連携を取り合い、適切な食事提供のあり方を考えて、子どもの健康管理や増進に努めてもらいたいと切に願います。

園での取り組み①：「ケ」の日を通した食育

・春

今までの栽培や料理講座などに加え、登園してくる時間を利用して、その日に給食で使う食材を園児に見せようと職員会議で決まりました。

食材にじかに触れ、匂いを嗅ぎ、色や音を感じて五感を刺激し、今日の給食にどう変化してでてくるのかを知らせることをねらいとし、1種類ずつの野菜をトレイに乗せ、給食担当者が各クラスを回ることにしました。

当初、3歳未満児クラスは馴染めない様子でまばらな反応に、やっぱり無理だったのかなと思いつつ、3・4・5歳児クラスへ行った所、何人かが寄ってきてさわり、舐め、嗅ぎまわりました。いくら五感で食材を知るといいつつも、粘土遊びの子どもがそのままの手で触れるのも、衛生上どうかと思いました。

やがて数日が経ち、保育士が用意してくれた机に食材を置くと、3歳未満児も座って、落ち着いて見てくれるようになりました。3・4・5歳児は「玉ねぎの皮がむきたい」といい出し、「いいよ！　やってみて！」の一言が、小さなトラブルを生む結果にもなりました。したくてもできない、代わってくれない、ゴミを散らかす、押された、引っ張ったなど、諸々の状況です。

活動に流れがないことを実感しました。

・毎月19日　食育の日

前月20日から今月19日までの朝の食材を見ている様子をデジカメで撮り、模造紙に帖って保護者が見える所に掲示しました。熱心に見ていて、その後のアンケートでも多くの声が寄せられました。その内容は、スーパーではラップや袋詰めが多く、触れたり嗅いだりする機会もないし、朝の食材を楽しみにしています、家でも絹さやの筋とりや玉ねぎの皮をむいてくれました、かぼちゃの種を家にもち帰り畑にまきました、など多数です。

保護者の声からは、早起きして保育園に行かないと9時の食材展示に間に合わない、早く行こうとせかされます、野菜の名前をどんどんいい当て親も圧倒されています、トマトはどこが一番匂いが強いか、ピーマンとパプリカの種の違いはどこか、など親も知らないことを質問され、会話が増えました。スーパーに行っても、今まではお菓子コーナーに直行だったのが、今では野菜コーナーに興味津々、この変化はなんでしょう、先生ありがたいですよ、との多くの声に後押しされ、これぞ食育と胸を張りました。

（鉄道弘済会長野りんどう保育園　管理栄養士　飯田光子先生）

園での取り組み②：食文化の伝承や異世代間交流を通した食育を伝える

東京都社会福祉協議会保育部会給食研究会の事例をご紹介しましょう。

北ノ山保育園は、1962年大島の準農村地帯に、農繁期のニーズにより開設されましたが、社会状況の変化に伴い、保護者の職種や家族構成も変わってきました。

園では食育活動の内容を9つあげ、大島ならではの郷土料理や島文化など、伝統や自然を活かした地域密着型の活動を展開しています。

・島の食文化、郷土食を通して

島には伝統の郷土料理がいくつかあります。最近では核家族化が進み、なかなか郷土料理に触れる機会が少なく、味わったことのない親や子どもが増えています。

園では、島出身の調理員や保育士が中心となって、伝統の味を伝える給食メニューを作成しています。くさや、アコウ汁、アシタバ料理、ふき料理、海藻（ふのり、はばのり、岩のり、ひじき）料理が主なものです。また、島の伝統食の体験を通して、豊富な魚や自生の植物（アシタバ）の料理を給食で味わったりもしています。また園外保育では四季折々に山や海に出かけ、島の固有な食材の自然な姿を観察し、食べられる植物や植生についても学習しています。収穫した食材や野山のものを利用して、クッキング活動もしています。

・お年寄りとの交流を深める食事会を通して

地域のお年寄りに月一度、宅配弁当を実施しています。前述の食品をメニューに加え、郷土の食材が入った弁当を作り、子どもたちが届けるのを手伝います。一緒に食事を楽しんで、お年寄りから昔の体験談をうかがって帰園します。

島の子どもたちが、地域の人たちとの交流を通して、島を愛する心を育て、食べることが楽しいと思える人に育っていくことを願い、地域の特徴を活かした食環境づくりを常日頃から心がけています。

（社会福祉法人黒潮社　北ノ山保育園）

東京都大島町ならではの島文化が、郷土料理の食材を生かした収穫、クッキング活動を通して、あるいは給食の食事内容として実践されています。
また、地域で孤立しがちなお年寄りにとって、子どもとの月に一度の宅配弁当を通した交流は、世代を超えての共感と安心感を培い、郷土愛を育む絶好の機会にもなっています。

子育て支援事業での取り組み：ライフステージを通した食育

長野市の中心市街地もんぜんぷら座にある、「子育て支援施設こども広場じゃん・けん・ぽん」は、毎日多くの子どもづれの親子でにぎわっています。

・子どもの食生活に悩んでいる保護者が多い

こども広場では、小児科医、歯科医、助産師、管理栄養士など、専門家による無料相談が行われています。こどもの食に関する相談は月2回、管理栄養士や栄養士によって行われていますが、月1回行われる助産師による身長・体重の測定と相談でも、食事や栄養に関する相談の内容が多い状況です。

助産師からは、最近の若い親世代は食事に対する知識や技術が十分でない人が見られ、そのことが子育て不安やこどもの食事にも影響を与えているとの指摘があり、子育て支援の一環として食育活動の必要性を感じています。

栄養士による「お食事相談」では、離乳食の食材や調理法を広げていく9カ月から、離乳完了の18カ月の時期に相談が集中します。この時期は子どもの自我が芽生えはじめる頃であり、子どもに振り回されている親の姿を見るにつけ、適切なサポートの必要性を感じています。

相談の内容は、離乳食についての内容や量と進め方、幼児食についての内容や量の相談が多く、次に食べない、偏食、遊び食い、ムラ食いが続きます。なにをどれ位どのように食べさせたらよいか悩んでいる保護者が多い状況です。相談内容を検討し、食育の計画を作成して、ライフステージを通した食育を実践するように心がけています。

・妊娠期の女性のための料理教室

教室開始前のアンケートでは、１００％の人が食事に関しての悩みがあると答え、その内容は94・４％の人が献立作りなど、食事に関する知識や技術不足の悩みでした。そこで、「食事に対する知識や技術が身につく」「妊娠期を健康で過ごせる」「適切に子どもの食事が用意できる」ことをねらいとして、講話と調理実習３回コースの教室を開催しました。

教室終了後のアンケートでは、開催前には朝食を週に１回以上欠食をする人が11・１％でしたが、事後では全員が朝食を食べるようになり、欠食者はいませんでした。朝食の内容は、主食・主菜・副菜のバランスのとれた食事をしている人は、事前アンケートでは33・３％で、事後では71・４％と２倍以上になり、教室の効果をあげることができました。

・乳幼児をもつ保護者のための料理教室

参加者は、子どもの食事について81％の人が悩みをもち、60％の人は食事づくりが苦痛だと答えていました。悩みの内容は、遊び食い、偏食、小食、ムラ食いなどで、乳幼児期によく見られる発達過程での食行動に対する悩みでした。

教室は託児つきで、「食事に対する知識や技術が身につく」「適切なこどもの食事が用意できる」「食事づくりが楽しくなる」の3つをねらいとし、講話と調理実習を3回コースで実施しました。託児つきなので、母親達は「お料理がこんなに楽しいと思ったのは初めて」など、イキイキと調理実習に集中していました。

子どもたちも30分ぐらいは泣いている子もいましたが、その後は保育士たちと遊び、親子一緒の試食会では、「野菜は家では食べないのに食べている！」など、喜びの声が飛び交っていました。教室実施後のアンケートでは、「料理の組み合わせや栄養バランスに配慮するようになった」「家族で食に関する会話が増えた」「郷土食や行事食に関心をもつようになった」「家族との食事が楽しくなった」などの声が多く寄せられました。

・休日マタニティーセミナー

毎月第一子出産予定の妊婦とその配偶者を対象に、「休日マタニティーセミナー」を開催しています。母体である「ＮＰＯ法人長野こどもの城」いきいきプロジェクトが、長野市に提案した長野市保健所との協働事業です。

核家族化や少子化が進む中、赤ちゃんと接するのは自分の子どもが初めてという人も多く、子育てに悩む保護者も多く見られます。そこで、乳幼児やその保護者が多く集う「じゃん・けん・ぽん」で、日曜日に両親学級を開催し、子どもの様子や子育ての様子を出産前から体験学習する機会を提案しました。

予約受付日には、2台の電話で対応しましたが、15分ぐらいで16組が決まってしまう大盛況ぶりです。

当日は、朝10時半から午後3時半まで、管理栄養士の「妊娠期の食生活」の講話、助産師による「沐浴等育児体験」と共に、「妊娠・授乳期における食生活の理解を図る」「自分の食生活を見直す」ことをねらいに、主食・主菜・副菜の食事の基本メニュー「ご飯、いわしの黄身焼きブロッコリー添え、ひじきの五目煮、じゃがいもと玉ねぎとわかめのみそ汁」の昼食を提供し、内容や味付けの確認、離乳食への展開例などを話し、食事への理解や意識を啓発しています。

「何を作ったらよいのかわからない」妊婦さんも多く、食事づくりや出産後の離乳食づくりのコツなどを話しますが、健康への関心度が高いこの時期に、夫婦への講話と試食の内容は、家庭での共通意識をはかれ、後日、助産師が新生児訪問に伺うと「食事や栄養の話が役立っている」との声が聞かれ、大変な好評を得ています。

限られた予算や設備での食事の提供は、栄養士会が講話とメニュー提案、配膳を担当し、1階のスーパーマーケット惣菜部が食事づくりを担当して、連携し合い実施しています。

・食育は「食」を通した子育て応援

多くの参加者は、今までこのような「食」に関する指導を受けたことがなく、家庭でも調理技術の伝承がなされておらず、引き続きセミナーの開催を切望しています。

次世代を担う子どもたちが健全に育つには、子育て世代への食育対応が急務であり、このことは、子育ての不安解消を含む「食」を通した子育て支援にもつながってきます。また、地域の子育て支援センター等での食育活動は、市町村で実施される乳幼児健診のフォローとしても必要とされる取り組みです。

（NPO法人「長野こどもの城」いきいきプロジェクト理事　小笠原憲子先生）

地域での取り組み：創る・耕す・学ぶ・つながるを通した食育

２００９年１月31日づけの毎日新聞企画特集に掲載されていた、「ＮＰＯ法人・霧島食育研究会」の活動です。

市も積極的に支援し、地域が一丸となって進めている活動をご紹介しましょう。

１市６町が合併して、２００５年11月に霧島市は誕生しました。京セラやソニーなどの進出企業も多く、農業はタバコ耕作で知られていましたが、養蚕などと共に衰退し、専業農家の比率は１割程度に減り、サラリーマン世帯が増えています。

食育研究会は今年で５年目を迎えます。研究会のパンフレットには「創る　耕す　学ぶ　つながる」の標語がかかれ、食育については、「食べものが自分の口に入るまでに色々な人と関わってきたことに気づくこと」と記されています。こうした考えから、地元の伝統料理や菓子の作り方を母親らに教える「霧島たべもの伝承塾」を毎月開き、米や野菜などの栽培や収穫を子どもから、大人まで体験する「霧島・畑んがっこ」を開校しています。

代表である管理栄養士の千葉しのぶ氏は、「食育といえば、全国的に早寝早起き朝ご飯などといわれるが、霧島独自の取り組みがあるのではと思った」とし、「町民へのアンケートで食事をつくるのが面倒という母親が85%もいて…。霧島の食材を使った母ちゃん、祖母ちゃんの味を伝えたかった」と述べています。

昨年7月に種をまき、8月に草取りして11月に収穫した大豆を、1月に用いて味噌づくりをし、3月末には納豆を作って年度内の活動を締めくくります。食が溢れている時代に、子どもたちに作る過程を教え、食べものの大切さを実感させる意義ある活動内容です。

栽培からはじめるみそや豆腐づくりを通して、霧島食育研究会で学ぶ子どもたちは、「してみて、大変さがわかった。食べるのが楽しみ」と述べ、生きる力は豊かな体験から育まれることが立証されました。

・生涯の食生活と食育の原点

子育てにおける食育のねらいは、望ましい「食を営む力」を育むことにあります。

生涯にわたる食習慣や食行動を培う極めて重要なこの時期に、集団保育の場と家庭との連携を通してすすめていく視点は、決して見失ってはなりません。なぜならば、望ましい食習慣の形成は、事例を通してもわかるように一朝一夕にできるものではなく、幼い頃からの援助や教育のあり方が、生涯の食生活に大きく影響してくるからです。

食育というと大人はどうしても「教える」ものとして構えがちですが、正しく食べるための「技」を取得するレッスン期ととらえるならば、それはもう母乳を吸いはじめたときからはじまっているのではないでしょうか。

6. 乳汁期の食生活と食育

まずは哺乳のメカニズムを知る

誕生した瞬間から、乳児は母親の乳首をくわえて母乳を飲みはじめます。乳を吸う運動は、栄養を摂取してよい血液を頭と顔に送り込み、舌や口腔内の機能を発達させます。

哺乳反射は誰かに教えられたり練習したりしたわけでもなく、本能に基づいた原始的な反射運動です。乳首を口に含んで乳汁を搾り出すメカニズムをサッキングといいますが、口腔内に陰圧を作って乳汁を吸い込む「ストロー飲み」といわれる動作と、舌が口蓋で乳首や乳房を圧迫する動作の2つからなり、哺乳中の口の中をビデオや超音波でみると、大人が液体を飲むときの「ストロー飲み」とはまったく異なっています。

乳児の哺乳は、0～1カ月では乳首に触れると口を開け、口と舌で乳首を捉え、反射的に吸って嚥下するといった単純反復の反射飲みですが、1カ月ぐらい経つと、口唇を乳首に密着させ、下顎を下げて口の陰圧で飲み、ある時間継続して吸い、その後休むといった吸引型の飲み方に変わってきます。

2〜3カ月ごろになると、舌や顎で乳首を圧迫して乳汁を絞り出し、舌の前後運動で咽頭に送り、圧力をかけて飲み込む咬合型の飲み方に変わってきます。この時期は遊び飲みをするようにもなり、哺乳量が減ることもありますが、円満な情緒の発達には欠かせない行為です。ゆったりと落ち着いて対応することが大切でしょう。

3カ月以降になると、安定した吸啜運動となって哺乳力も増してきます。吸啜運動は反射現象としてはじまりますが、4〜5カ月になると、活発で落ち着いた随意的な哺乳状態になって反射は消失し、いよいよ食べる行為へと進んでいきます。

さあ、離乳へ向けてのスタートです。

舌の動きに注目!

哺乳時期には、乳児の舌は独特な動き方をします。人間の舌はいろいろな筋肉でできており、前後、上下、左右と自在に動かすことができますが、自在な動きができるようになるのは生後1年くらい経ってからで、生後間もないころは、舌を口の外へ突き出す運動ぐらいしかできません。しかしよく見ると、哺乳している間は舌はうねるような独特の動きをしています。つまり、乳児は乳汁を吸っているのではなく、舌の運動で乳汁を咽頭にもっていき、圧力をかけて飲み込んでいるのです。

母乳を乳房から飲むときと、哺乳瓶からミルクを飲むときの飲み方は共通しています。したがって、哺乳期の舌の動きは、咀嚼にむけての基礎であり、この動きにのって生理運動をひきだすための援助をすることで、その後の食べる行為が獲得されていくのです。舌先の蠕動運動が引き出されないと嚥下ができず、飲み込めない子になってしまいます。「噛めない」「飲めない」などの問題は、後になって表れてきますので要注意です。

母乳育児について

哺乳動物である人間は、誕生してから3、4カ月は母乳かそれに代わる乳汁で生存します。母乳は人間にとって自然な栄養法であり、栄養面だけでなく母子相互作用の面からも、その重要性が指摘されています。授乳中の母親とのアイ・コンタクトというかたちで行われる母子相互作用は、やがて食べもの（乳汁）を与えてくれる人への愛着を生み、信頼へと発展していきます。

大人の穏やかな眼差しと軟らかい語りかけは、子どもの食欲にも影響し、特定の大好きな大人から、しっかり抱かれて飲むという安定感の中で、口を通した満足感を得て、欲しいときにその欲求を満たしてくれる人への信頼感が芽生えはじめます。こうして、子どもの欲求に対して母親が愛情をもって応えると、相互に信頼関係が生じて精神的に安定するなど、母子関係の絆がつくられ、人間関係の基礎ができ上がってくるのです。

子どもの心身の発育は母子相互作用によるところが大きく、その基礎は母性愛や母親に対する子どもの愛着行動がもとになります。藤沢良知氏は、「授乳の際の身体的な接触は行動的、心理的なメカニズムによって母と子の相互に作用し、満足感を与え、また乳児が乳房を吸うことで母乳の分泌が高まり、免疫を多く含む母乳を吸って、結果的には乳児自らの抵抗力を高めることにもなる」と述べています。

このように母子相互作用はさまざまな感覚を通して展開されますが、かなり早い時期からはじまっているようです。アタッチメントといわれる母から子への愛着行動と、エントレインメントといわれる子から母への身振り手振りでの働きかけや応答は、母子相互の情緒が安定してくるもとになるのです。

ところが、テレビが普及してから、テレビを見ながらの授乳が多くなり、問題も多発しています。母親がテレビに気を取られて、乳児が笑いかけても応答はなく、飲みたくなくなって舌を出して訴えても飲まされてしまうなど、応答性が絶たれてその結果、ミルク嫌いが生じています。

精神分析学の創始者であるS.フロイトは、「乳児が母親との絆を形成するのは、授乳を通して、食べもの（母乳）に対する欲求を充たしてくれるからである」とし、授乳を通した母子相互作用は、その後の親子関係、子どもの性格形成にまで影響をおよぼすことを説きました。

また、E・Hエリクソンは、母と子が基本的信頼感を獲得することの重要性を指摘し、特に授乳による口唇と乳首の接触を通して、お互いにくつろぎ合う関係の構築を、乳児期の発達課題としてあげました。

いまだ、母乳育児が知能や情緒面の発達を促す報告は見られませんが、授乳が円滑に行われることは母子相互に満足感や安心感を与え、逆に、授乳が上手くいかない場合は、不満や不安、苛立ちなどの感情を引き起こします。いずれにしても、母乳育児は安定した母子関係を確立し、母と子の絆を深めるなど、生涯にわたる人への信頼関係を築く、人間形成にとって基本的な行為といえるでしょう。

母乳育児の歴史を振り返る

昭和20年代までは、わが国は母乳栄養が主流でした。

しかし、厚生労働省が10年ごとに実施している「乳汁栄養法に関する統計」によると、1960年から1970年の10年間に母乳栄養が激減し、混合栄養や人工栄養が急速に増加しました。その原因としては、母親の子育てに関する意識の変化や、育児用調製粉乳の改良が考えられますが、母乳不足を補うための育児用粉乳が品質改良によって、より母乳の成分に近づき、母乳不足を補うはずの育児用粉ミルクが、母乳より優れた発育を子どもにもたらすような認識が広まって、人工栄養の利用率が高まったのです。この傾向は、先進国から開発途上国まで世界的に広がり、1974年、WHO総会で「乳児栄養と母乳哺育」が決議され、世界各国へむけて母乳育児が推進されるようになりました。

1975年、日本でも母乳運動がスタートしました。

出生後1～5カ月まではは母乳栄養で育てよう、3カ月まではできるだけ母乳でがんばろう、4カ月以降も安易に人工ミルクに切り替えないで育てよう、と厚生省（当時）が3つのスローガンをあげて推進運動を展開しました。その結果、母乳栄養の有効性が見直されて、利用率は少しずつ増加し、保育所に預けて働く母親も、冷凍母乳を利用して母乳での授乳を続けるケースが、少しずつ増えてきました。

1990年、厚生省が策定した「成長期の食生活指針」の乳児期の指針にも、「母乳で育つ赤ちゃん、元気」が謳われています。WHOは1992年に、8月1日を「世界母乳の日」、その1週間を「世界母乳週間」として、推進の強化にあたっています。しかし、仕事をもつ母親にとって母乳のメリットは理解できても、継続することは大変困難な状況にあります。常日頃から哺乳システムを構築するなど、母乳育児に向けた支援のあり方が問われ、家庭と保育所と（母親の）職場が連携し合い、対応策を打ち出し実施することも、極めて重要な食育の活動だと思います。

核家族と複合家族の裏側

菅野廣一氏の調査によれば、核家族は複合（三世代、四世代）家族に比べ、母乳で育てている人の割合が約1割多く、複合家族では混合栄養が最も多い割合を示しました。複合家族の場合は、祖父母自らの経験をいかして、母乳育児の推進に強い影響を与えていることが、混合栄養の割合の多さからも読み取れ、夫と両親に仕え、子どもを健康に育てることが嫁としての務めとした、母親の心理的な負担感さえ感じます。

昭和40年代の高度経済成長により、ほとんどの家庭は夫の給与で家族が生活できるようになりました。その結果、電化された家庭生活で核家族化が進み、夫は仕事、妻は専業主婦という役割分担が明確化し、妻は仕事をすることなく家事と育児に専念できるようになりました。この状況は後に、教育ママや子育てに自信がもてない母親、また、わが子に過度の期待をして自分の生きがいとする母親、子離れできない母親を生むなど、社会的な現象にまで発展していきました。

今後の子育て支援のあり方を考えたとき、食育も重要な課題であることを、保育者は理解しておかなければならないでしょう。

7. 授乳リズムの確立に向けて

「生活リズムの確立」は授乳のリズムから

授乳法には、乳児の生活リズムに合わせ、欲しがるときに欲しがるだけ与える自律授乳法と、時間的に規則正しく与える規則授乳法の2通りあります。産後数日間の授乳回数は、1日に7～10回程度で、1回の哺乳量も少ないですが、生後3カ月ごろになると、昼目覚めて遊ぶ時間が長くなり、夜は寝るという昼と夜の生活のリズムができはじめ、夜間の授乳の回数も減ってきます。また、1回の哺乳量も増え、授乳の間隔も長くなってきます。4～5カ月くらいになれば、授乳は4時間間隔で、1日5回ぐらいになってきます。

離乳開始にあたっては、授乳時間や回数を規則的にして授乳時間を確立し、生活に一定のリズムをつくっておくことが大切です。なぜならば、私たちの身体には一定の生体リズムがあり、食べて消化吸収し、代謝して排泄するという生理過程は、一定のリズムで営まれ、毎日繰り返されることでパターン化し、生活リズムがつくられていくからです。

この繰り返しは、やがて規則正しく食事する習慣や、メリハリのある生活をおくるもとになります。親に影響を受けた子どもの夜型生活が指摘されて久しいですがはじめが肝心ということでしょうか。

「食べる意欲」を引き出す

乳児が空腹を感じる時間や哺乳量には個人差があります。一定の時間に定量の授乳を行う規則授乳法よりも、乳児が欲しがるときに欲しがるだけ与える自律授乳法が、最近では一般的です。この自律授乳は、母親が直接哺乳するやり方で、非常に行いやすく、また、母子のコミュニケーション力を必要とするので、母子相互作用（愛着の形成）にも有効です。

しかしこの方法は、泣いたら時間に関係なく何をおいても授乳するようになり、ダラダラとした生活になってしまう恐れがあります。このとき問題になるのは、泣いて空腹を訴えているのか、ほかの理由で泣いているのかを理解できずに授乳してしまうことです。

乳児には適度の欲求不満を経験させることが大切で、過保護にして、乳児にまったく欲求不満を感じさせないと、母と子の共生関係を長引かせ、乳児の自我の発達を遅らせてしまうことにもなりかねません。そうすると、ある程度の規則性ある時間間隔をおき、乳児の欲求に応じて授乳する方法が良いのではないでしょうか。

空腹がもたらす人間らしさ

空腹感は自律神経反応のひとつで、血糖値が下がると脳にある視床下部のブドウ糖受容体が情報をキャッチして、空腹感が起こります。食後、血糖値が回復すれば空腹感は消え、満足感が起こり摂食が止まります。空腹感は食欲を引き起こす動機づけですが、食物は何であってもエネルギーさえ満たされれば消え、満足感に変わるという身体的な生理現象なのです。

新生児は空腹を感じて泣き、乳汁を与えられると哺乳して、疲労によって哺乳は中止するといわれています。乳児が空腹を感じて泣くのは自己主張の1つで、その訴えを聞いて母親が授乳すると、乳児は空腹感という身体的感覚を表現することを覚えます。2～3カ月になると、空腹感と食欲が分化しミルク嫌いが起こるとされています。

表現によって欲求が満たされることを知った乳児は、認めてくれた母親や大人に対して信頼感を深めます。この時期は言葉を獲得しておらず、何かの欲求があるたびに不快を感じ、訴える手段として泣きます。泣くと親や保育者は抱き上げてその原因をつきとめ解決しようとしますが、その両者の感覚が子育てにとっては非常に大切なのです。つまり、乳児は自分の欲求や願望が満たされないとき、泣いて訴える、大人が気づき抱っこする、願望や欲求が減少する、満たされて快適に過ごす、といったパターンをくり返すことにより、人への信頼感や自分への安心感が育ち、情緒が安定してくるのです。

空腹を訴えて泣いたとき、親や保育者が気づいて抱き上げることが、空腹を満たそうとする乳児のはじめての努力です。その努力に大人が気づいて応答する感覚が、食育のスタートであるように思います。

8. 果汁は必要か

乳汁の次は、保健所で指導されたり育児書に書いてあったりして、どうしても果汁を与えなければと思いがちです。また、離乳食をいきなり与えると、舌で押し出してしまうことがよくあります。3カ月ごろになると、水分の補給と乳汁以外の味に慣らすために、果汁や野菜スープを与え、乳首以外の器具で与えられたものを取り込む練習をするために、スプーンの使用を開始します。しかしいったん果汁を与えると、乳児は果糖の甘い味を好み、スプーンでは待ちきれずに、哺乳瓶で多く飲み過ぎてしまうことが多々あります。

果汁は飲みすぎても害になることはありませんが、糖分の濃い果汁をたくさん飲むと、甘味と糖分のカロリー過多のために食欲が落ち、乳汁の量が減ってたんぱく質などが不足してしまう恐れがあります。

現在では、人工乳には乳児に必要なビタミン類が十分添加されているので、果汁や野菜スープでビタミンCを補給する必要もなくなりました。新鮮で刺激の少ないものや入手しやすいものなら、何でも利用できますが、味が濃すぎるものもあり、与えはじめは2～3倍の湯冷ましでうすめて与えるのが原則です。はじめはスプーンで与え、量が増えたら哺乳瓶を用います。この時期はスプーンに徐々に慣れさせていくこと、授乳時間や回数を規則正しくして生活に一定のリズムをつくっていくことが、離乳を開始する前に、乳児が覚えておかなければならないことなのです。

母親や大人が思うようにはスムーズには進みませんが、自律授乳とスキンシップによって乳児に安心感を与えるように、ゆったりとした気持ちで子どもと対応することが大切です。この時期の食育は、「食」における親子のかかわりを通して、子どもの心身の育ちを促し保障することにあるように思います。

9. 離乳期の食生活と食育

その昔、授業で「離乳ってなに?」と聞いたところ、「乳離れ」と即座に答えた学生がいました。文字のうえではそう読み取れますが、「乳首から離れる」と表現したほうが正解でしょう。

この時期は、吸うことから噛みくだし飲み込むことへ発達していく過程です。乳汁以外の食べものを取り込み、噛んだり飲んだり噛み砕いたりする咀嚼力を獲得し、乳汁以外のさまざまな味を体験する時期でもあり、将来に向けての食嗜好や食習慣が形成される大切な時期です。

離乳食が今のようなステップを踏んで進められるようになったのは、1950年代半ばで、初期、中期、後期、完了期に区分された進め方のマニュアルとして、恩賜財団愛育研究所が「愛育方式」として提唱したのがはじまりです。その背景には、3kg前後の小さな身体で誕生してきた新生児を、1年後に10kg前後まで成長させるには、良質のたんぱく質やその他の栄養素を適切に取り入れるべきで、特に完全食品である卵黄を離乳の初期に与えようといった声があがったからです。

1980年代には、良質のたんぱく源としての卵黄や全卵や牛乳は、生後8カ月以降でないと、鶏や牛のたんぱく質を過不足なく分解し吸収して、乳児の身体組織に役立たせる機能的役割が果たせないことがわかりました。つまり、アレルギー児の増加という背景を通し、食品としてよいか悪いか、必要か否かで判断し、成長に伴った内臓の消化機能の発達や、異種たんぱくへの反応、腸管で吸収がどのように行われているか、などが解明されたうえでの離乳の進め方指導ではなかったことが明らかになったのです。

改定「離乳の基本」を読む

１９９５年12月４日、厚生省児童家庭局母子保健課長から、改定「離乳の基本」が通知されました。その前文には、「この離乳の基本は、離乳を進める際の「目安」を示したものである。これを参考にして、乳児の食欲、摂食行動、成長、発達パターンあるいは地域の食文化、家庭の習慣を考慮した無理のない具体的な離乳の進め方、離乳食の内容や量を、個々にあわせて作ることが望まれる。すなわち、子どもにはそれぞれ個性があるので、基準に合わせた画一的な離乳とならないよう留意しなければならない。また、乳児が嫌がる時には強制せず楽しくおいしい食事ができるような環境、雰囲気づくりはきわめて重要である。尚、この時期はあまり肥満の心配はいらない。」と述べられています。

離乳の定義とは

改定「離乳の基本」によれば、「離乳とは、母乳または育児用ミルク等の乳汁栄養から幼児食に移行する過程をいう。この間に幼児の摂食機能は、乳汁を吸うことから、食物をかみつぶして飲み込むことへと発達し、摂食する食品は量や種類が多くなり、献立や調理の形態も変化していく。また摂食行動は次第に自立へと向かっていく」とあります。

このように食事形態が移行していく時期を離乳期といい、与えられる食べもの調理形態を離乳食といいます。食育の基礎力が獲得されるのは、この時期といえるでしょう。

「授乳・離乳の支援ガイド」を読み解く

２００７年3月、厚生労働省により策定されました。１９９５年に通知された改定「離乳の基本」から10年以上経過しており、離乳の開始や進行について、内容の見直しがはかられました。また母子保健の観点から、健やかな母子関係の形成や子どもの健やかな成長や発達への支援のあり方が盛り込まれました。

そのねらいとしては、母子健康の維持と親子のかかわりが健やかに形成されていく支援であること、子ども１人ひとりの成長や発達が尊重される支援であること、関係所管の支援のあり方が共有化され連携がはかられて展開される支援であること、などがあげられています。

離乳はなぜ必要なのか

離乳の目的の１つは、咀嚼力の獲得にあります。吸うことは本能的な原始反射によるものですが、咀嚼力は自然に身につくものではなく、乳児の機能が発達して、トレーニングを繰り返すことで獲得していく行為の1つだからです。したがって、液体である果汁や野菜スープは、離乳食とはいわず、その準備としてとらえます。

動物学者のポルトマンは、「動物は誕生してすぐに立ち上がる。しかし、人間は1年かけてじっくり立ち上がる」と述べているように、誕生後1年間の生活体験や学習（トレーニング）のあり方が、生涯を支える食行動や食習慣に大きく影響してくることはいうまでもなく、大人はこのことをもっと認識しなければなりません。なぜならば、繰り返し学習することで、生涯の食行動や食習慣が定着するからです。

離乳の必要性について考えてみましょう。

2つめは栄養素の補給です。生後4～5カ月ごろまでは乳汁だけで成長しますが、成長に伴う栄養素の必要量が増加し、水分の多い乳汁だけでは胃腸への負担が大きく、必要な栄養量が満たせなくなるからです。さらに、胎生期に貯えられた鉄やカルシウムなどの栄養素は、成長過程で使い果たし、乳汁以外の固形物から補給する必要があるからです。

3つめは、五感の刺激で味覚の発達を促すことです。

舌にある味蕾の味細胞に、味物質が触れて起こる感覚を味覚といいます。味覚には、甘味、塩味、酸味、苦味、旨味の五原味があることはすでに述べましたが、生後初めて接する味は母乳（乳糖）の味で、塩味と甘味と旨味は生まれながらにして本能的に好む味だといわれています。それに対しほかの味は体験して覚える味で、味覚の学習を必要とします。学習の条件によっては味つけの好みや好き嫌い（嗜好）が発生し、生涯の健康を左右することにもなりかねません。

味覚学習は、離乳期後半から児童期までが適正な時期だといわれています。離乳期に段階を踏んでさまざまな食品に接し、食体験を積めば味覚の幅は広がります。出会わなかった味には馴染めません。また、噛むことは、消化酵素を含む唾液の分泌を促します。味は水分に溶ける物質によって感じるもので、唾液の分泌は食品の味をよりよく感じさせてくれます。

離乳食開始の目安のひとつに、指しゃぶりや玩具舐めをして「よだれ」が出ていることがあげられますが、これも理にかなった見方です。

食育活動の原点は離乳の進め方

乳児期は哺乳から離乳完了を含むため、食行動は吸うことから噛みくだし飲み込むことへと、劇的に変化していきます。また、好き嫌いを通して自己主張する自我の芽生えも見られはじめ、愛着行動（アタッチメント）の発達を促すための食事への対応や、援助のあり方が問われます。

この時期の食育のねらいは、「食べる動きを引き出す」「食べる意欲を育てる」「食べものの大きさ、硬さ、舌触りを伝える」こととし、集団保育の場では、子ども1人ひとりの発達に応じた個別計画が求められます。

食べるという行動は、捕食（取り込む）→咀嚼（噛み潰す）→嚥下（飲み込む）という一連の動きを引き出すことが重要で、この機能の発達を促すためには、口腔内の十分な感覚刺激（触、熱、味など）が必要です。また、動きを引き出すための食べさせ方も重要で、対応を誤ると不適切な機能や癖が形成され、幼児期や児童期、あるいは一生涯の食行動の問題として残ってしまいます。ぺちゃ食べ、丸呑み、吸い食べ、噛めない、飲み込めないなどがその例です。

子どもの成長に合わせ、3つの内容（成長の目安、食べ方の目安、調理形態）に留意しながら進めましょう。特に、全身運動や手指の運動機能、歯の生え方、情緒（心）、発育状態を観察し、子どもが到達した点、もう少し時間がかかる点を見極めながら進めていきます。

離乳の進め方の目安

その子どもなりに発育は順調か、首が座り、寝返りがうてるようになっているか、指しゃぶりや玩具舐めをしてよだれが充分に出ているかなど、全身の発育や運動機能の発達を見極めてスタートします。

昭和20年代においては、離乳開始時期は生後7~8カ月ごろで、体重が7kg以上になったときとされていましたが、現在では月齢や体重にはこだわらず、発育がよく食べる意欲があれば、月齢にそった発達を見ながら開始することが多いようです。

・5・6カ月ごろ

上唇を使い唇を閉じることをマスターさせる時期です。

口唇を閉じる食べ方は、人間以外にはあまり見られない進化した能率のよい食べ方で、この時期に失敗すると後々まで治りにくく、幼児や学童になってもペチャ食べ、食べこぼしの癖が残ってしまいます。また、食べこぼしをするからといって、スプーンに乗せた食べものを、舌の奥へ放り込むと、丸呑みの癖がつき、後に噛まない子どもに育ててしまいます。援助の際は、舌の前方に食べものを乗せ、舌の動きを引き出すなど、根気よく繰り返しているうちに、自分の意志で唇を閉じ、飲み込むことを覚えていきます。

この時期は、首は座っていますが背や腰が不安定なので、初めは抱いて与えます。開口時に舌上面と床面が平行になるように抱くなど、この時期は特に援助のあり方に配慮が必要です。またスプーンの用い方は下唇を刺激し、上唇が下がって取り込むように、乳児の顔面に対し直角にもっていくなど、上下唇で離乳食をはさんで取り込み、口唇が閉じ嚥下するような食べ方をマスターさせます。

食べこぼさないようにと上唇に離乳食をすりつけて食べさせると、きれいに食べてはくれますが、丸呑みの癖が残って後々厄介です。

調理形態は、ドロドロしたポタージュ、マヨネーズ状など均一状のものを与えます。この時期は栄養の摂取よりも、自分の意志で唇を閉じ、ゴックンと飲み込むレッスンを重視して、離乳食の味や舌ざわりに慣れることをポイントにして進めます。最初はアレルギー性の低い穀類を用い、野菜やたんぱく質食品へと徐々に受け入れ幅を広げていくことが大切です。

・7・8カ月ごろ

腹ばいをして手のひらでつかもうとします。前歯が生えはじめて、食べものの味や匂い、温度に対する好みが出はじめます。

舌と上顎で「つぶして食べる」ことを、トレーニングする時期です。

上下唇を使ってスプーンの離乳食を一口ではさみとって捕食し、口を閉じて、舌面と上顎でつぶして食べる動きを引き出します。下唇を刺激して上唇の動きを引き出し、舌先から舌面に食べものを運ぶことを覚えさせます。援助の際に食べこぼしを大人が嫌がり、食べものを奥にほうり込むように入れると丸呑みの癖がつき、味わって食べることをしなくなります。舌先には味蕾細胞が密集しており、奥は味を感じません。また舌の真ん中から奥にかけては、食べものを運ぶための蠕動運動が見られ、舌の真ん中をへこませながら一口で処理できる食塊を形成します。この動きにのって咽頭へ食べものを送りますが、舌面と上顎で食べものをつぶすたびに、左右の口角が伸び縮みして、閉口時は口唇が一文字になり、顔の表情がキリッとして、口唇が薄くなってくるのがこの時期の特徴です。

援助ひとつで子どもは食べ方をマスターし、うまく食べられるようになると筋肉がついて表情が違ってきます。

調理形態は、一応形はあるけれど舌でつぶせる硬さのものを与えますが、不備だと丸呑みや押し込み（食塊不全）、吸い食べなどのトラブルを引き起こしてしまいます。調理法や献立に変化をつけて、偏食の予防に心がけ、アレルギーを配慮しながら、慎重に食品の種類を増やしていきましょう。穀類は軟らかく煮てあればつぶす必要はなくなり、野菜は軟らかく煮てつぶして与えますが、離乳食献立がマンネリ化しがちになるので、家族の食事からうす味のものを取り分けてつくる、ベビーフードをうまく利用するなど、離乳食づくりに一工夫必要です。

・9・10・11カ月ごろ

つかまり立ちから一人歩きをするようになる頃です。全身運動や手指の運動も活発になり、食べ方や食事量にも変化が見られます。盛んに手づかみをして1人で食べたがるなど、手のかかる時期ですが、汚されることを嫌がらず、食べる意欲を育てるといった対応が大切です。歯も生えはじめますが、奥歯はまだ生えてはいません。生えてない奥の歯茎ですりつぶす噛み方を学習する時期です。

前歯や口唇を使って食べものを取り込み、舌がよじれるように動き、奥の歯茎に送って奥の上下の歯茎で固定し、すりつぶす噛み方をマスターします。上下唇はよじれながら密着し、口唇を閉じて頬を膨らませながら食べ、膨らんだ頬のほうの口角が伸び縮みします。また、口唇を水面につけて、コップのみができるようにもなり、口唇の運動が自在になります。

介助を嫌がり手づかみで食べたがりますが、咀嚼機能を引き出すためには必要な発達過程であり、乳児が手でもてるような食材や調理法を献立に取り入れ、食べる意欲を育てます。

前歯を使いながら顎がコントロールできているか、手や指の動きはどうかなど、手づかみ食べを通して食べる感覚を身につけていきますが、そのためには介助するだけでなく、見守る姿勢も必要です。

調理形態は、歯茎でつぶせる硬さとしますが、形態が不備だと丸呑みの癖がつき、後に、肉が噛めない、生野菜が噛み切れないなどのトラブルを引き起こします。特に、この時期は、鉄が不足しないように気をつけ、赤身の魚や肉、レバーなどを多く献立に取り入れますが、調理法によっては匂いや舌触りなどが悪印象として残り、偏食の原因にもなりかねません。10カ月ごろから、朝、昼、夕3回の食事リズムを作り、食後の授乳は次第に減量し、徐々に中止していくようにしましょう。

・12～18カ月ごろ

歩行が完成し、話し言葉を獲得していきます。片手でスプーンを握り、もう片方で手づかみ食べをするなど、心身ともに発達が著しい時期でもあります。家族や保育者と一緒に食べる楽しさを共有しながら、次第に1人で食べられるようになってきます。

歯が上下8本生えそろい、口唇や口角も自由に動かせるようになって、奥の歯茎でつぶせるようになります。また、形があるものをスプーンですくい、口に運んで噛みつぶして食べるようになり、咀嚼の基礎を獲得していきます。しかし、乳歯が20本生えそろう3歳ごろまでは咀嚼力は未熟であるために、家族の料理より軟らかめの調理形態にするなど、まだまだ配慮が必要です。

調理形態は、奥の歯茎で噛める硬さとし、栄養素の大部分を離乳食から摂取するようになるため、この時期は幼児食への移行準備期ととらえるのが適切でしょう。食事内容は、栄養素のバランスやうす味、一口で処理できる量や大きさ、硬さなどに留意します。

後々食事のトラブルを引き起こさないためにも、無理に食具は使わせず、個人のペースを重視します。この間に、手づかみを通して手や指の発達、機能の観察やチェックを行い、徐々に食具食べへと移行させていきますが、遊び食べやムラ食い、散らかし食べが目立つ時期でもあります。ダラダラと与えず食事時間は決まった時間に30分程度とし、大人の時間帯に合わせて一緒に食卓を囲むなど、生活にメリハリをつけていきます。

生涯の食べ方が決まる大切な時期ですが、「離乳食はあんなに食べてくれたのに…」と親や保育者が悩む時期でもあります。あまり食べなくても量より質、食べやすい調理方法を工夫し、食事を強制しないことです。記憶に残って後々食事が重荷になり、食欲が低下して、食べものを選り好みするようになっては後の祭りです。

咀嚼機能は、成長や発達と並行して進めると効果が期待できます。そのためには、子どもにストレスがかかるような指導（強制や無理じいなど）はしない、食具をもてることと使えることを混同しない、目と手指と口の動きを観察し、あせらずにその子のペースで進めていくことが肝要です。

離乳完了のとらえ方

今まで栄養の主体が乳汁であった状態から、固形食主体で食べるようになることが離乳の完了とみなします。大人と同じものが食べられる、乳汁からは卒業した、などと考えるのは大きな誤りです。

1日3回の離乳食を上手く歯茎で噛みつぶし、麺類はすすって前歯で噛み切り、捕食できるようになる、エネルギーやたんぱく質など、栄養のほぼ2／3を乳汁以外の固形食から摂るようになっている、食後のミルクはほとんど飲まなくなり、飲んでも1日400mlぐらいに減っている、などの状態で、原則として母乳は卒乳していることが、離乳完了の条件です。

10. 移行期の食生活と食育

1歳半ごろになると、運動能力や認知能力の発達に伴い、直立二本足歩行から跳んだり、走ったり、回ったり、くぐったりと、活発な動きをするようになります。語彙が急速に増え、大人とのやり取りが楽しめるようになります。

食事場面でも自分で食べられるという喜びの心情を表すかのように遊び食べなど、さまざまな食行動が生じてきます。また、咀嚼のつまずきが見えてくる頃で、集団保育の場では個別対応が大変なときでもあります。まずは食行動の自立を促すために、食事環境に安定感や満足感を得るような工夫や演出が必要です。

子どもの食べ方は、介助食べから手づかみ食べ、食具食べへと発達していきます。食具やテーブル、椅子は、子どもの発達に合っているか確認してみましょう。

スプーンの奥行きや深さ、握りや太さなど、子どもの手のひらの大きさや摂食機能の状態に合ったものを選ぶことが大切です。また、テーブルの高さは、腕が動きやすい胸の位置が適当で、椅子の高さは両足が床に着くか、着かない場合はマットを敷くなどして、足裏面を安定させましょう。さらに、椅子の背もたれと身体との間にマットを置き、椅子の奥行きを調整して背面を安定させます。

食事中の大人の動きを最小限にするために、必要なものは準備の段階で用意しておくこと、家庭では、食事中テレビを消すなどの配慮も必要です。落ち着いた安定感のある雰囲気（食環境）の中で、共に食べ、会話を楽しみながら食べる楽しさを分かち合うときです。

生活リズムを整えて、運動量を多くするなど、空腹の体験も不可欠です。

おおむね1歳3カ月〜2歳未満

この時期によく見られる食行動としては、丸呑み、吸い食べがありますが、食欲は旺盛で残食はなく、常に口に食べものが口に入っていないと満足しません。しかし、すべての食材を丸呑み、吸い食べするわけではありません。集団保育の場では、保育者1人が6人の子どもを介助するため、早食いや飲み込めずに吸い食べなどの問題を引き起こしているケースが少なくありません。集団の場での個別の指導を丁寧にするためには、対応する子どもの人数と保育者の気持ちが散漫にならない「場」のとり方が重要です。

家庭では、保育時間が長いほど帰宅時間が遅くなり、夕食開始時間は午後8時以降になるため、家事労働時間に追われ、なるべく汚したくないといった気持ちからか、食事を親が全面的に介助してしまう場合が多く、問題ある食行動をさらにエスカレートさせているようです。

咀嚼につまずきがある子どもの場合は、子どもからのサインを見落とさず、離乳のどの時期に、どんな段階でつまずいたのかを把握することが大切で、その段階でのレッスンを時間をかけて行うことが、まだまだ可能な時期です。離乳完了期食の位置づけをないがしろにしての幼児食への移行は、咀嚼の発達上無理が多すぎます。

咀嚼学習の時期や対応のあり方を間違えてしまうと、不適切な機能や癖が形成され、その後の幼児期や児童期、さらには生涯の問題として残ることのほうが心配です。問題を残さないためにも、乳幼児の発達と食学習についてのプロセスを理解し、あわてず比べずその子にあった進め方をする保育者の姿勢が重要です。

・一人食べに見られる自立性の育ち

1歳半ごろになると食具や食器をもって1人で食べたがり、盛んに大人の模倣をして食べようとします。また、食べものを人に差し出すという行為もよく見られ、対応したときには子どもとのやり取りが成立し、無視したときは一方的な関係となって、散らかし食べや遊び食べに移行するとの報告もあります。

この時期の親や養育者の対応が、言葉の発達や人に対する信頼関係を構築する基礎となり、その後のよい食習慣の確立にも影響してきます。

11. 幼児期の食生活と食育

食育の原点は、社会に適応した行動がとれるようになることです。

幼児期前半は、自立心の芽生えや運動機能の発達を通して、食行動が習慣化しやすい時期ですが、望ましい食習慣を形成するには、親や保育者はどのような支援をすべきでしょうか。「学習」という視点で、食行動の習慣化についてその方法を探ってみましょう。

おおむね2歳

歩行が完成していくにつれ探索活動も活発になり、何でも1人でやりたがる反面、依存欲求も強く、「イメージ」や「つもり」の広がりから、見比べたり、考えたりする力の基礎が育つ時期です。

興味や関心も旺盛で、一時もじっとしていません。食事も自己流で、親や保育者に強制されるのを嫌がりますが、反面、食べさせてもらいたがったりもします。食欲にもムラがあり、好き嫌いや選り好みが激しく、自己中心的で、集団生活が最も難しい年齢です。

散らかし食べや遊び食べなど、食行動のトラブルも多くなってきますが、年齢が進むにしたがって、次第に減少していく傾向にあるので、あまり干渉せず、食事時間は30分を目途に、それ以上ダラダラ食べさせないようにします。

・共食に見られる社会性の育ち

2歳ごろになると、食事の挨拶や簡単な食事のマナーを理解しはじめ、人との相互交流ができるようになります。健康な社会生活を営むための食習慣を身につけることは、社会を学ぶことにもなり、社会性の育ちが必要不可欠になります。

家庭での食事のあり方を通し、子どもは徐々に人としての食べ方を身につけていきます。成長の過程で子どもの関心は、家庭から保育所などの集団生活の場へと広がり、それまでの家庭における固有の食生活のあり方から、次第に社会化され、社会性を身につけていきます。

おおむね3歳

「三つ子の魂百までも」といわれるように、生涯の習慣が身につく時期です。

この時期は、自我の芽生えによって他者と比較することで自分を発見し、家庭やクラスでの自分の位置や役割を理解するようになります。また、長い見通しをもちはじめ、将来へとつながっていく段階でもあり、食事場面でも「何を、いつ、どのくらい、誰と食べるのか」といった、自分なりの「食べ方」を身につけ、生活習慣として定着していくときです。

日常の生活を通して習慣的な行動をどう育てていくか、その学習内容が問われます。「食べ方」を教えるには、食事場面での子どもの行動をよく観察し、動きの中で獲得していく力を大人が把握して、支え伸ばしていけるような働きかけが大切です。

・「一人食べ」の完成期

3歳ごろになると、乳歯が上下20本生えそろい、乳歯による噛み合わせが完成して、大人とほぼ同じ物が食べられるようになります。また、食具を握った反対の手で食器をもつなど、自分の意思で左右の手指を機能的に分化させ、こぼさずに1人で食べられるようになります。「一人食べ」の完成は、子ども自らが食べものの種類や量を選び、自分1人で食べられるようになった時です。

また、この頃になると、順序がわかり、外界のしくみや成り立ちに興味をもつようになるので、食事のマナーについても、わかりやすく教えましょう。

・習慣化するには順序がある

食べものを手づかみしていたのがスプーンですくい、フォークに刺して食べられるようになると、箸を使いたい気持ちが強くなるようです。しかし、箸はもてても正しい使い方はできないために、握り箸やX箸になることも多く見受けられます。箸への移行時には、食具が箸のように下から支えるもち方をしているかよく観察し、練習をスタートさせます。

手指の訓練は、食行動の自立に役立つだけでなく、脳の発達にも関連するといわれています。生活の中で、手指を使う機会を多く設け、毎日少しずつ、繰り返しながら進めていき習慣化をはかります。習慣化するには、興味をもつ、繰り返す、自分からやれるようになる、身につく、といった一連の順序が肝心で、つらくて苦しい練習内容だとなかなか身につきません。

集団保育の場での楽しい取り組みは、自分の気持ちを律することにもつながり、待てるようになります。自己表現と自己抑制を繰り返しながら、社会性を身につけていきますが、こんなときこそ、「食」を通して何か感動することを提供しましょう。「食べたい」から「よりよく食べたい」へと、子どもの行動が変わっていくことこそ、まさに「食育の原点」になるのではないでしょうか。

おおむね4歳

摂食機能も育ち、食べものの好みや食行動が多彩になってきます。友達とのかかわりがもてるようになり、身近な事物への興味や関心も高まって、盛んに探索するようになります。しかし、この探索行動は、「楽しく食べる」ために欠かせない想像活動のひとつでもあります。ワクワクしながら食事づくりに参加し、友達（家族）とおしゃべりしながら食べるといった体験を通して、「食事を楽しむ」感覚が育ち、子どもの考える力や社会性の発達に影響します。

・「一人食べ」から「社会食べ」への移行期

善悪の区別や自分のものと他人のものとの区別がつきはじめ、自分の気持ちや行動を自身でコントロールするようになります。また、仲間を求め、自分の思いや感情を交えた会話をして食事するなど、社会性も身についてきます。

さらに、集団の一員である自分を理解しはじめ、長い見通しをもって努力しようとします。食事場面では、嫌いだけど身体によいから食べなければ、といった食べ方が見られるようになります。

生活力の自立に向けた基盤となる「自立食べ」から、社会の一員として生きる力、集団で生きる知識を身につける「社会食べ」へのスムーズな移行が望まれます。

4歳を過ぎると食欲も増し、食べ方も速くなります。おしゃべりも多くて注意散漫になり、気をとられると食卓から離れて動き回るなど、周囲の状況に反応し、じっと静かにしていることが苦手な時期です。

だからこそゆったりと安定した気持ちで、食事に集中できる環境や、子どもの意欲をそそるような働きかけが求められます。そのためには食事のマナーや食べ方、咀嚼の仕方、お箸の使い方などは、躾の一環として教えていくことも必要です。その体験の中で、子どもも自身がおかしさに気づき、考えて行動できるような工夫が望まれます。そのためには、習慣のつく時期や習慣のつくプロセス、子どもの気持ちなどを把握し、日常生活の中で楽しく練習を重ねていくプログラムが必要です。

おおむね5歳

自分なりの食べ方が身につき、基本的な生活習慣がほぼ確立してくる頃です。

この時期になると、コミュニケーションをとりながら、仲間同士で楽しく食べられるようになります。また、細かい手や指の動きは一段と進み、危なげなく箸や食器が使え、自分にあった食事量を自分で調節したりします。

予想や見通しを立て、「身体に良いものは嫌だけど食べなければ」といったように、思考力や認識力、判断力も高まってきます。年長児に向かっての自覚や自尊感情を育てるといった視点で、知的な欲求を満たす活動の内容が求められます。

・就学までに育てたい「食行動の社会化」

生活リズムの確立は、子どもが毎日を健康に過ごすための基本です。この時期は、ほとんど大人の援助を必要としませんが、よく噛んで食べる、1日3食規則的に食べる、みんなで楽しく食べる、といった食行動が自立していきます。さらに一段階上の目標を設定し、身体と食べものの関係に関心をもつ、つくってくれる人へ感謝する、食べものを大切にするなど、社会人として生きていくための自律性の育ちが大切です。

身体・心・知能・社会性のいずれもが大きく成長するこの時期に、ゆったり食べる体験を通し、さまざまな事柄にふれながら、子どもは「生きる力」を身につけていきます。

・躾教育

生活習慣には、基本的習慣と社会的習慣があります。基本的生活習慣がほぼ定着し、言葉による躾が受け入れられるようになると、大人（親）の考える望ましい生活態度を、子どもは身につけていくようになります。「親の背を見て子は育つ」とは、まさにこういうことでしょうか。

躾教育は、生活習慣を体験的に学習させることで、より一層の効果があがります。また、ルールや規則を守る、挨拶をする、礼儀正しくするなど、社会的な態度の習慣化にあたっては、家庭と園との「共同学習」として進めましょう。子どもが自分で目標をもって努力し、達成感を実感する年齢です。

食育にあたっては、クッキング活動や飼育・観察・収穫活動・さらには当番活動など体験しながら生活力を養い、子ども自らが見通しをもって取り組み、生活習慣として定着していくような進め方が問われます。

おおむね6歳

自己中心性が次第に減少し、相手の立場を尊重するなど、自分をコントロールできるようになります。自我意識は発達していますが、判断力などはまだまだ大人に頼ることが多く、考え方は具体的です。

お手伝いを通して親子の絆を深めるときです。台所でのコミュニケーションは、普段話せないことも横並びすることで話しやすくなるものです。この時期の家族での団らんや人との交流は、生涯の生活の支えともなります。また、自然事象や社会事象、文字への興味や関心が深まる時期でもあり、長い見通しをもって取り組むこともできるようになります。

自律性の育ちに着目し、年長児としての自覚や自尊心を育てるといった視点で、知的な欲求を満たす活動内容を設定し、体験を通して自律性を深めていきましょう。

・食育は家庭と園との共同学習で

生活していく過程で、子どもの関心は家庭内から外界へと広がります。保育の場においては、集団生活を体験することで、家庭固有の生活の仕方から次第に社会化されていきます。食事場面でも、「給食は楽しい、お友達がいっぱい」と、同じ釜の飯を食う仲間意識が強くなります。

集団保育の場で展開される食育活動は、家庭との連携を視野に入れなければ効果は期待できません。子ども1人ひとりの状況について職員間で話し合い、保育方針だけでなく、家庭における育児についての考え方や進め方もあわせ、「共同学習の場」として活動を設定することが重要です。ここから、さまざまな問題点や今後の課題も見え、わが園で食育計画を作成してどのように進めていったらよいか、示唆されることも少なくありません。

12. 学童期の食生活と食育の原点

幼児期に続いて、学童期前半は緩慢な成長を示します。友達意識が強くなり、仲間集団での行動が多くなります。客観的に考えられるようになり、判断力もついてきますが、自己中心的で直感的に判断をする傾向がまだ強い時期でもありますが、年齢が増すとともに論理的な思考になっていきます。

朝食欠食、ダラダラ食いなどの不適切な間食、不定期な夕食などによって生活リズムを乱し、悪循環を繰り返すケースも少なくありません。この時期から欠食の習慣がつくと生活習慣病に移行しやすく、注意が必要です。1日3食規則的に、バランスの取れた食事の摂取を心がけ、望ましい栄養や食事のとり方を身につけていきます。また生活を通して食文化や家族の文化、食にかかわる歴史などを理解するようになるので、先人たちへの畏敬の念を育てます。

学童期後半は身体の成長が急進し、個人差や男女差が顕著に表れます。自律心が強くなり、社会的なことについても判断して行動するようになります。責任感や協調性、自制心が生ずる反面、依存心と自立心の狭間で葛藤が起こりやすく、親や大人に対する態度は反抗的です。

塾通いや受験勉強のストレスから、親や保護者の目の届かないところで買い食いや気ままに食べ、肥満になることも多く、成人肥満に移行しないための注意が必要です。

学童期は、生活習慣の自立と規則正しい食生活を習慣化する大切な時期だといえるでしょう。

13. 思春期の食生活と食育

判断力や思考力、推理力などの理論的な能力が著しく発達する時期です。客観的に自分や他人を見て、社会的な位置づけを認識するようになります。反面、大人との間で摩擦が起きやすく、反抗的な態度となって表れます。また、性的な成熟が顕著で、情緒的にも不安定になることが多く、反抗、非行、苦悩などの面でいき過ぎが生じて、社会的な問題にもなります。

食生活の乱れによる貧血や運動不足、過食による肥満、やせ願望による無理なダイエットから引き起こされる拒食や過食など、摂食障害に陥りやすい時期でもあります。心身の成長や健康の保持、増進に向けた望ましい栄養や食事のとり方を理解して、自己管理ができる力を身につけるために、家庭、学校、地域が一体となって、食教育や健康教育の推進に努めなければなりません。

第6章　食育とエコロジー

食の崩壊とエネルギーの使いすぎが指摘されています。

エネルギーの節約である「エコロジー」を考えながら、「食」についての知識を身につけることは、地球の環境と生活を見直すきっかけになります。食育は1人ひとりが、食べ方や作法などを含む正しい食生活をおくる力、自分の健康保持のために身体によい食べものを選ぶ力などが、身につくように展開されるべきで、エコと食育に関する活動にその相乗効果を期待したいと思います。

また、これからの給食や食育活動の内容にも、食べものや食べ方を大切にする「エコ・クッキング」の推進を願っています。自然と共に、生きることを真剣に伝え、真摯な態度で行動できる子どもを育てておかないと、わが国は、お先真暗の状況に陥ってしまいます。そうならないためにも食育で子どもの育ちを支え、よりよく生きるための食の学びは必要不可欠なのです。大人は誰しもみなそう思っているはずです。また習慣化の恐れも知っているはずです。

経験がいかされた食育を推進していかなければならないでしょう。

1. 食べる力は生きる力、食育に必要な要素

バランスのよい食事のとり方、食の安全性や食品表示についての判断、食材の旬や生産にかかわるプロセスなどは、自分や家族の健康を維持するためには欠かせません。からだによい食べものを知る理解力、選び実践する力の育成がなされるようにしていくためには、何が必要なのでしょうか。

身体によい食べ方の基本

食の欧米化に伴って、生活習慣病が大問題になっています。

この生活習慣病を防ぐためには、バランスのよい食事を心がけ、動物性食品を減らすこと、油脂と砂糖の摂取を減らすこと、できるだけ精製していない穀物や野菜、果物を多く摂ることが大切です。この条件にかなっているのは、米を主食に魚介類などの主菜、季節

の野菜や海藻の副菜を組み合わせた和食で、理想的な栄養のバランスが取れた食事であるといえるでしょう。

最近、保育園で朝食にお菓子を食べてくる子どもが増えているのが気になります。食生活の乱れが指摘されて久しいですが、一向に改善の兆しさえ見えてきません。お菓子でも朝食べてきてくれることのほうがまし、といった認識では困ります。

空腹時に、甘いお菓子を食べ飲料水を飲み続けていると、無気力や体調不良を起こし、低血糖の症状に陥って、重篤な場合は意識が途切れることもあります。また、アドレナリンが大量に分泌されて交感神経を興奮させ、イライラ、カッカして攻撃性が増し、些細なことでキレやすくなります。血糖値を緩やかに上げることで低血糖症は防げますが、そのためには、消化に時間のかかるご飯を主食にして、よく噛んで楽しく会話しながら食事することが一番です。

朝からボーッとしている子ども、朝からテンションの高い子どもの食生活は要注意です。

「安全表示」の見方の基本

遺伝子組み換え食品の危険性が指摘されています。

遺伝子組み換え食品は、遺伝子操作によってつくられた自然界には存在しない食品です。ある生物の細胞から遺伝子を取り出してほかの生物の細胞に人工的に組み込み、新しい性質をもたせる技術を駆使して品種改良した作物を原材料とした食品です。そのため製造過程で有毒性物質がもたらした弊害があるのではないか、アレルギーが誘発されるのではないかと懸念されています。

厚生労働省は、危険性がない安全な食品だけを認める姿勢を打ち出していますが、その基準は諸外国に比べて甘いとの批判もあります。品質表示が義務づけられているので、食品パッケージの原料表示欄を必ずチェックする姿勢を習慣化しておきたいものです。

また、食品添加物には単品では危険性が少ないとされているものでも、ほかの種類の添加物と一緒に食べることで体内変化を起こし、有害な物質になる恐れがあるものもあります。避けたい食品添加物には、ソルビン酸、赤色104号、亜硝酸塩、サッカリン、リン酸塩などがあげられますが、「酸味料」「保存料」「着色料」などと書かれているものは、ほとんどが化学合成添加物です。パッケージ原材料表示の欄には、使用量が多い順に表示されており、安全のために意識し、添加物の少ないものを購入するように心がけましょう。

では、どんな表示マークの食品を選べばよいのでしょうか。

「有機JASマーク」は、種まきや植えつけの2年以上前から、禁止されている農薬や化学肥料を使用していないことが認定された農作物の表示です。「特別栽培農作物表示」は、農薬や化学肥料の使用量が50％以下で栽培されたことを保証した農作物の表示です。これらの表示の食品を選ぶほうが、消費者としては賢明でしょう。

賢明な消費者育ては「お店やさん」ごっこ遊びからはじめてみましょう。

旬を選ぶ基本

旬の食材は、農薬の使用回数が少なく栄養価も高いため、野菜や果物は旬の露地栽培のもの、産地が表示され生産者名が記載されているものを選びましょう。

地産地消が推奨されていますが、生産者との顔が見える関係は安全です。また、地域や国内で生産された農作物は、長期貯蔵や輸送の必要がなく、ポストハーベスト農薬が使用されていないので安心です。ポストハーベスト農薬は、収穫後に腐敗やカビを防止するために使う薬剤で、長期の貯蔵や輸送に耐えるため、輸入農作物に用いられており要注意です。

色が濃すぎるもの、鮮やかなものは、漂白液や添加物を使っている可能性が高いため避けたほうが賢明です。また、化学肥料を使いすぎた野菜は、葉が伸び、根がまっすぐで毛根が少ないなどの特徴が見られます。化学肥料を使いすぎると窒素成分が過剰になり、穂の色が濃くなってえぐみが生じ、発がん性物質に変化しやすい硝酸態窒素の含有量が多くなります。この硝酸態窒素は、化学肥料を多く使うハウス栽培の野菜から多く検出されるため、旬の露地栽培のものを購入するほうが、安全性も高く安心です。

生産者の顔が見える給食は、まさに保育内容の一環としての食育です。

食べる作法や技を身につける

日本人の手さばきが不器用になったといわれて随分経ちます。

毎日くり返される生活の中で、子どもたちが手や指を十分に使い、生活動作や道具の操作法を身につけることは、生活習慣の定着や精神的自立にとっても尊いことです。食の洋風化が指摘されて久しいですが、生活動作や食事マナーまで洋風化されていくことに、歯止めがかかりません。

和食の作法は「箸にはじまり、箸に終わる」とされていますが、箸を上手にさばけることは、日本人の食事マナーの基本となります。もっとも、箸のもち方、さばき方を子どもに教えるのは容易なことではありませんが、最近とみに親世代において、箸のもち方がおかしい人をよく見かけます。給食の先割れスプーン時代の弊害なのでしょうか。

3歳後半になると簡単なルールを作って仲間でごっこ遊びを楽しみ、全身を使って運動遊びをするようになります。ちぎる、ねじる、丸める、といった手指の操作や動作が高まる時期でもあります。微細な手や指の動きを遊びで引き出し、箸に興味を示したら、使い方、さばき方も遊びの中でくり返し教えてみましょう。

身近な事物への興味や関心が高まる時期でもあり、家庭では手伝いや食事づくりに参加させ、思考力や行動力、社会性などの発達を促すためにも、「食事を楽しむ」といった感覚を育てておくことも必要です。

就学前までには、箸の正しい使い方をマスターさせます。以下に示しましたので参考にしてください。

箸は軽くもちます。

親指はほかの四指と向かい合い、上の箸は、中指と人差し指で挟んで動かします。

下の箸は、薬指に乗せ動かしません。

箸の先はそろえましょう。

箸の先を開く、揃える、開く、揃える動作をくり返しましょう。

箸をもっていない手はどうしていますか?

親指の先はお茶碗のふちにかけます。

中指と人差し指の先は、いとそこ(台)に手を添えます。

食べるための技術は食事に限らず、生活全般を通して、楽しみながらくり返し練習することが大切です。その際、大人はもてることと使えることを混同せず、気長に子どもとじっくりつき合います。子どもは模倣しながら覚えていきます。まずは大人が美しい箸さばきの見本を見せ、きれいな箸さばきで、美味しそうに食べる姿を見せることが大切です。


最近気になっていることのひとつに、子どもたちが家族遊びをしなくなりました。女児は母親役をしたがらず、父親役を演じる男児が少なくなりました。簡便化した社会の中で、子どもたちの生活や遊びも変化しています。食事作法はいったい誰が教えるのでしょうか。

心理学者ゲゼル（米）は、「習慣が身につくには順序がある」と述べています。習慣化するには、興味をもつ、くり返す、自分からやれるようになる、身につく、といった一連の順序が大切で、がんばるやり方だとなかなか習慣化しません。

食べ方ひとつでその人の人格がわかります。食卓は、常識と品格ある人づくりの大切な場所でもあるといえるでしょう。

食料事情や環境保護を地球的に考える

日本の２００６年度の食料自給率は、カロリーベースで39％と危機的な状況でした。しかし、２００７年度は40％とわずかながらもち直しましたが、相変わらず先進国の中では最下位で、35％を割ると国として壊滅的な状況になることには変わりありません。

かつて、フランスのド・ゴール元大統領は「食料自給率が１００％に満たない国は、独立国とはいえない」と述べました。先進国の自給率をみても、アメリカ１２８％、イギリス70％、フランス１２２％、ドイツ84％と、やはり自国の食は自国でまかなうといった考えが浸透しており、産業と農業、共に力を注ぐことが当然とされています。

では、なぜ食料自給率を上げなければならないのでしょうか。

輸送に伴う二酸化炭素排出の抑制や、深刻な食料争奪への回避などが考えられますが、なによりも大切なのは、「日本の食文化」を守るという視点です。

伝統的な食品として、味噌や醤油、そばやうどん、豆腐などが挙げられますが、日本の食文化を支えている食材の大半が外国でまかなわれており、その自給率は小麦14％、そば22％、大豆5％で、日本の食文化は危機的な状況にあります。

食料自給率を上げるために

国内の農業を守り、食料自給率の安定や確保につなげるためにも、輸入品の低価格にまどわされず、国産の食材を意識して買い求めましょう。当然のことですが、「食べ残し」はしないことです。日本人が食べ残す食料は年間388万トンで、食料輸入量の約1／4にあたります。食べ残しをしなければその分の輸出量が減らせるというわけです。

さらには米食を心がけましょう。食料輸送に伴う過ぎたエネルギー消費は、地球温暖化など環境にも大きな悪影響をもたらしています。食料輸送が環境に与えている負荷の大きさを数値化したものを「フードマイレージ」と呼びますが、2001年に計算された日本のフードマイレージは約9、000億トン／kmで、韓国やアメリカに比べて約3倍です。こんなにも日本のフードマイレージが突出しているわけは、食料の多くを輸入に頼っているからです。世界的に突出しているフードマイレージを減らしていくために、最も効果的な取り組みが「地産地消」といえるのです。

地道に一歩ずつ1人ひとりの認識や行動が積み重ねられ、本筋となって世の中が変わっていくまでには相当な時間がかかりますが、気づいたところから自分なりの食料自給率を上げる方法で、まずはやってみることです。マイカップやマイ箸をもち歩く、常にエコバックを携帯するなどやれるところから取り組んでみましょう。

企業でも、世界的な小麦粉の価格高騰をうけ、その代替品として米粉の品質開発を進めています。また、ローソンをはじめとした米粉パンの開発が進み、販売を開始するなど、食料自給率アップへ向けた取り組みが今盛んに進められています。

2. エコと食育

エコ・クッキングとは、地球に暮らす人間1人ひとりが地球環境に配慮し、買い物や料理、片づけをトータル的に行うことです。

「エコ」とはエコロジーのことです。地球温暖化を防止し、自然環境を守るために何ができるか、誰もがかかわる「食」の行為も含めて、生活内容を1人ひとりが見直すことが急務です。

ケニア出身の環境活動家であり、ノーベル平和賞受賞者のワンガリ・マータイ氏は、日本にある「もったいない」という言葉を知り、この言葉こそ「リデュース（消費を削減する）」「リユース（再利用する）」「リサイクル（再生して利用する）」を一言でいいあらわしたものとして、全世界共通語にするべきだと主張しました。日本が、古くから培ってきた「もったいない」精神は、世界の潮流になりつつあります。しかし日本人はなぜこの精神を封印してしまったのでしょうか。非常にもったいない話です。

現在、地球の温暖化、大気汚染、河川の汚濁、ゴミ処理問題など、さまざまな問題を抱えています。たとえば、スーパーやコンビニに食べものが運ばれてきます。田畑で収穫された農作物や工場で加工された食品は、交通手段で輸送されるため膨大なエネルギーが消費されています。食料輸送に伴う過度のエネルギーは、地球の温暖化や大気汚染など、環境に悪影響をもたらしています。このままいくと、生活を支えるエネルギー資源である石油は約50年、天然ガスは約60年しかもたないともいわれています。

危機的な状況です。

食育で地球は救えるか

暮らしの中では、食材を選び買う、水や火などのエネルギーを使う、ゴミを処理するなど、環境問題が縮図のようにあふれています。しかし大切なことは少しずつ自分でできることを、生活の中でやっていくだけのことなのです。

毎日何気なく食べている食材も、エネルギーの観点からみると、実に多くのエネルギーを消費しています。1日過ごすためには、大人1人当たり2、500キロカロリー程度の食べものを摂取しますが、五人家族ではその5倍近く、また、その生活を支える社会レベルでの1日当たりの消費エネルギーはなんと30倍以上の80、000キロカロリーと、こんなにも多くのエネルギーを無意識のうちに使っているのです。

地球温暖化防止活動推進センターでは、家庭でできる取り組みとして、次の10項をあげています。ご紹介しましょう。

冷房の温度を1℃高く、暖房の温度を1℃低く設定する

週2日往復8㎞の車の運転を止める

1日5分のアイドリングストップを行う
待機電力を50％削減する
シャワーを1日1分家族全員が減らす
風呂の残り湯を洗濯に使い回す
ジャーの保温を止める
家族が同じ部屋で団らんし、冷暖房と照明の利用を2割減らす
買い物袋をもち歩き、省包装の野菜を選ぶ
テレビ番組を選び、1日1時間テレビの利用を減らす

1人の力は小さくても、実は大きな「エコ」への足がかりとなるため、毎日の生活の中で、まずは家族でできるところからはじめてみることです。

企業が取り組むエコ・クッキング

・事例①：東京ガスの取り組み

東京ガスでは、世界的に環境問題が深刻化している中、「買い物」「料理」「片づけ」の食生活の一連の流れを通して、地球環境にやさしい生活を家庭で簡単に取り組んでいま

す。身近なところからできるエコロジーとして、「食」を教育的な手段として地球の健康を目指す「エコ・クッキング」に取り組んでいます。

まさに企業が取り組むものから人へ、利潤から教育へ、これからの食育推進について考えさせられる示唆に富む実践内容です。

1995年に環境問題の気づきの場として、東京ガス料理教室で「エコ・クッキング」がはじまりました。2000年度からは小・中学校への出張授業を行い、積極的に「エコ」を推進し、2004年度「地球温暖化防止活動環境大臣賞」を受賞しました。

東京ガスのホームページによれば、2005年からは東京ガス料理教室を会場に、夏休みに「親子エコ・クッキング講座」を開始し、2007年度は親子610名が参加し、「出張授業」では、小・中学生合わせて約23,000名が受講しました。また、2006年からは、教育委員会や行政を通して、小・中学校の教諭、栄養士、栄養教諭向けの「食育指導者研修会」を開催し、各自治体や地域、学校の食育活動に生かせるように活動が続けられています。

さらに、エコ活動としてどんぐりの森というプロジェクトを推進し、森の再生だけでなく森の働きや恵みを学び、「育てる」という一連のサイクルをベースにした「森林教室」

が行われ、食育と木育を結びつけた「自然体験」活動が実践されています。

「エコ・クッキング講座」取り組みの内容

食育とエコ・クッキングの大切さを伝えていくために「ゴミを減らすこと」「食べものやエネルギーを大切にすること」「水を汚さないこと」「美味しい料理を作ること」の４つのテーマでプログラムを作成し活動しています。

・料理の基本をマスターする

身支度にはじまり、調理道具の使い方、エコ・クッキング的な野菜の上手な切り方、火加減についてガスコンロの正しい使い方、旬の食材を使った料理を知る、などがその内容です。

・エコ・クッキング

食べ物が口に入るまでの消費ルート、さらには買い物の際のポイントや料理のコツ、片づけなど、エコ・クッキングについての手順とレシピを交え、エコの意義と重要性について説いています。

・今日からはじめる食育

クイズやゲームを使って、食育についての意義や必要性、さらには意識を啓発していく内容が示されています。

・楽しく五感レッスン

視覚、聴覚、嗅覚、触覚、味覚の5つの感覚について、レッスンのあり方が説かれています。

事例②：あいち食育サポート企業団の取り組み

「地域に根ざした食育コンクール08」で農林水産大臣賞に、愛知県発祥の会社8社でつくる「あいち食育サポート企業団」が選ばれ、食文化や食材への関心を高める親子参加型のイベント活動などが、高く評価されました。

毎日新聞2009年1月31日企画特集版によれば、その企業はイチビキ（名古屋市）、カゴメ（名古屋市）、カネハツ食品（名古屋市）、敷島製パン（名古屋市）、ポッカコーポレーション（名古屋市）、マルサンアイ（岡崎市）、ミツカン（半田市）、ユニー（稲沢市）の食品関連8社で、2007年10月に「企業団」として結成されました。単独企業では、なかなか連携しにくい行政との関係もつくりやすく、県も活動をホームページで紹介するなど、積極的な後押しをしています。中心となったユニーの佐々木孝治会長は、日本チェーンストア協会会長（当時）として、2005年7月にできた政府の「食育推進会議」のメンバーでした。

毎月第3日曜日にユニーの総合スーパー3店を食育モデル店舗とし、各社もち回りでイベントが開催されています。毎月の企業団と県とのミーティングはアイデアが生まれる場でもあり、担当者は、「商品の食べ方を提案するのも企業の説明責任、食育に関心をもつ人を増やすのも企業の役割、食育が当たり前のものとして、各社の企業風土に根づくことが目標です。」と述べています。「企業団」としての取り組みは非常に貴重で、地域性や郷土色を活かした活躍に今後も期待したいところです。

3. エコロジカル・アプローチの取り組み

主に欧米の栄養教育学者など「食育の専門家」が重視しはじめたのが、環境問題を含めた環境、社会、人間にとってよりよい食卓のあり方を総合的に捉え、すべてが持続可能な食生活を目指す「エコロジカル・アプローチ」という考え方です。

このアプローチを紹介しながら、日本における食育の課題について考えてみましょう。

環境問題から食を考えるアプローチは、環境保護団体をはじめとする市民団体や生協など、日本でもこれまでにもいくつかの代表的な取り組みの事例はあります。しかし、最近では温暖化防止をテーマにした環境問題から、食生活のあり方を提案するメディアからの情報発信が多くなってきました。

「エコロジカル・アプローチ」は、環境にかかわる取り組みを重視しながらも、栄養問題や家庭や地域のコミュニティー社会の問題を、総合的に解決していこうとする方法論です。このアプローチを世界的にリードする研究機関のひとつが、米国コロンビア大学・ティーチャーズカレッジの栄養教育プログラムです。

米国では肥満が深刻化した１９８０年代以降、個人を対象とした栄養指導から、地域など社会全体で取り組む教育プロジェクトとして活動を展開してきました。その背景には、日本より深刻化した子どもの肥満問題があり、その直接的な原因として、安価で、糖分や油分の多い清涼飲料やジャンクフードを大量に食べてしまう現状があげられました。しかし、個人レベルの問題としてではなく、「つい手を伸ばしてしまう」「いつでも食べられる」といった社会の状況、食環境のあり方など根底から変えていかないと問題解決の糸口にはならないとの見解に立ち、取り組みに至ったのです。

プロジェクトは10年以上かけ、米国の子ども向けに開発した総合食育カリキュラム「Lifeプログラム」を、２００6年にほぼ完成させました。このプログラムでは、なぜ清涼飲料やファーストフードがいけないのか、代替品として新鮮な地元の青果を食べたほうがなぜよいのかなど、栄養、社会、環境の面から2年かけて学びます。またこのプログラムによって、子どもたちは自分の身体のためだけではなく、地球や地域にとってもよい食事のあり方を学び、食べものについて総合的に考え、将来にわたる食べものの選択力を身につけていきます。

日本の子どもについても肥満の問題は深刻化し、その解決が「食育」のねらいのひとつとなっていますが、程度の差はあれど、清涼飲料やスナック菓子などの取り過ぎは米国と共通するところです。しかし、なぜいけないのか、代わりになにを食べればいいのか、といった、栄養面からのみのアプローチで終わっています。最近では、農業体験も「食育」の一部として進められていますが、地元産の野菜や果実はよくて、ファーストフードがなぜダメなのかなど、比較研究や学習内容の検討は行われてはいません。

「栄養について」「農業体験を通して」といった単発的でイベント的なねらいで行う

と、その学習効果は2カ月ほどしかもたないとの報告もあります。子どもたちへ食べものの選択方法を教えるにしても、世界の社会情勢や環境問題を加味し、食の全体像を捉えた内容が求められます。食環境の改善を含めた食育のあり方と、その効果を長年研究してきた女子栄養大学の足立己幸氏は、「世界レベルでの課題を共有する視点を、感受性の高い子どもの時期から育てることが、総合的によりよい食を営む力を育てることにつながる」と述べています。

世界的にも環境問題が深刻化する中で、子どもの食の問題と重ね合わせて、子どもの「食」への意識を啓発していくような、食育の取り組み内容の有効性が問われます。

保育園が取り組むエコロジカル・アプローチ

山梨市立岩手保育園は、周囲をぶどうやさくらんぼ・桃などの果樹園に囲まれ、恵まれた自然環境の中で、子どもたちは四季の移り変わりを五感で感じて生活をしています。

しかし、自然豊かなこの地域でも、子どもの生活環境は変化し、生活リズムの乱れから、元気に遊べない子、食べることに意欲がもてない子が年々増え、これらの問題に取り組むために、食育目標を『生活のリズムを整え、活発に遊び、空腹を感じる子ども』として、食育活動を進めてきました。

活動内容は、野菜栽培と稲作を中心に、家庭や地域との連携が図れるように取り組んできましたが、進めていくうちに「食育」と「環境問題」は切り離せないということに保育者が気づきはじめました。

それは、クッキング保育をしたときのこと、野菜くずや生ゴミをどう処理するかという問題や、アルミ缶をはじめとしたリサイクルできるものの分別方法が、保育者の間でも徹底しなかったのです。また、旬のものを味わうために野菜や果物を栽培していますが、園庭にある小さな畑では、季節外れの急激な気温の変化や豪雨が、栽培した作物の成長に大きく影響して、収穫ができないこともありました。

さらには、自然豊かな場所に暮らしていても、トンボ、蝶、カエルなどの生きものが以前より減ってきていることを実感し、地球温暖化問題や環境破壊問題は、私たちの生活と密接にかかわり、忍び寄っていることを肌で感じることも多くなってきました。

住みよい環境を守るためには、まず、子どもたちが環境活動に関心をもち、限りある地球資源について考え、環境を大切にする心を育てることが優先されると考え、子ども主体でできる環境活動として、家庭でも使用頻度が高いアルミ缶のリサイクル活動を、まずは取り入れてみることにしました。

　活動をはじめるにあたり、リサイクル業者の方からゴミの分別やエコについて話をうかがう機会をつくり、その中で、日本はアルミ缶の消費量が世界第2位であるにもかかわらず、原料は外国からの輸入に頼っている現状や、原料を加工してアルミ缶をつくること、時には大量の電気消費が地球温暖化につながってしまうこと、何度でもリサイクルができるアルミ缶を有効に利用すること、などの話を通して、限りのある地球資源保護と環境保護の大切さを子どもと共に学び合いました。

　その際、アルミ缶とスチール缶を実際に手に取り、缶の硬さやマークで確認して分別し、飲み終わったら自分の指くらいの太さに出した水道水で缶の中を軽くゆすいで乾かし、分別容器に入れることの指導を受け、実行することになりました。

　この活動は家庭との連携で行えるようにしたいと考え、家庭にも呼びかけをしたので、毎朝の登園時には、片手にアルミ缶を入れたビニール袋をもった子どもや保護者の姿が見られるようになりました。

　子どもたちは、「夕べ、パパが飲んだビールの缶だよ」「おばあちゃんの家にもあったからもらってきたよ」といいながら、楽しんでリサイクルの活動に取り組んでいました。

地域の人々にもリサイクル活動の話が伝わり、多くのアルミ缶が保育園に届けられて、地域とのつながりを深めることができました。

この活動を通して、リサイクル活動以外にもこれまで行ってきた食育活動に、「エコ」を意識した取り組みを加えて設定しようと考えました。たとえば、「畑の野菜に水遣りをするときは、水を大切に使うこと」「クッキング保育をするときは、ガスの火の強さをこまめに調節すること」「資源として活用できるものは分別し、ゴミの減量に心がけること」「親子クッキングやお祭りの時は皿、箸、コップを持参して、紙皿などを使わないこと」など、エコを意識することで食育活動に広がりがもててきたと実感しています。

岩手保育園での「エコ・食育」の取り組みはまだはじまったばかりですが、幼児期に環境教育を通した食育への知識や実践力を身につけることで、子どもたちの意識は必然的に高まり、将来に向けての「生きる力」が育っているであろうと期待しています。

毎日の保育の中で、繰り返すことで身につけることができる活動内容を模索し、これからにつなげていきたいと思います。

（山梨市立岩手保育園　園長　岡　正子　先生）
（山梨市立岩手保育園　主任保育士　樋口仁美　先生）

第7章　海外での食育事情

食育は日本に限らず、世界各国で取り組まれ進められています。それぞれに異なった食文化をもち、生活様式もまったく違う諸国での推進は、一体どのようなねらいでどんな活動内容が展開されているのでしょうか。

1.　北イタリアで生まれた「スローフード」

北イタリアのブラという町から生まれたＮＰＯ活動です。ファーストフードの飛躍的な広がりによって、全世界で味の均一化現象が起こっていることに危機感を抱き、地元の食材と「食」にまつわる文化を大事にしようと、取り組みがはじまりました。

スローフードのスローとは、「普段漠然と口に運んでいる食べものを、一度じっくり見つめ直してみよう。そうすることで素材や料理について考え、食事を共にする人との会話を楽しむ生活も大切にしよう」という呼びかけで、次のようなねらいをもとにして活動が進められています。

消えつつある郷土料理や質の高い食品を守ること
質の高い素材を提供してくれる小生産者を守っていくこと
子どもたちを含めた消費者全体に「味の教育」を進めていくこと

その土地で生産されたものをその地で消費することが、地元の農家に報酬を与えて経済効果を生み、さらには、郷土食文化の伝承につながるとして、消費者と生産者との交流などを通した食文化の啓蒙活動を「スローフード」として展開しています。1986年にはじまったこの活動は、1989年にブラに協会が設立され、現在ではドイツやスイス、フランスなど合わせて世界45カ国、7万人以上の会員をもつまでの組織として広がり、日本も1997年から加わっています。

また、小・中学生と農作物の生産者や料理人が共に活動して、農産物が料理になって口に入るまでを教えたり、「味覚教育」を行っています。大人対象の料理教室やセミナーも開かれ、旬の食材や季節の行事を大切にし、郷土料理を学ぶためのイベント活動なども行われています。小・中学校の教育機関にも、食を学ぶ機会をもつように働きかけるなど、スローフード運動が世界的な広がりを見せています。

2. 料理人2,000人が講師のフランスの「味覚授業」

１９９０年からフランス国立食文化評議会が中心となり、普及活動が進められている「味覚の授業」は、主に小学生を対象として、フランス各地で実施されています。味覚の鈍化や食の乱れが深刻な問題となり、料理人たちからの呼びかけでこの活動がはじまり、その後、国を上げての取り組みとなりました。子どもに味覚や食の楽しみを伝え、健康と生活文化を守っていく意識の啓発が、この活動のねらいです。レストランのシェフが講師となり、「味覚の授業」を行って郷土料理や食文化について、体験しながら学びます。

今、世界中から注目されているのが、毎年10月第3週目に実施される「味覚の週間」です。２００７年は約2、０００人のシェフやパティシエ、パン職人たちが講師となった、小学校での授業は6、０００回にもおよび、５００個もの伝統的なメニューが紹介されました。また、この週は学校教育だけにとどまらず、一般の大人に対しても行われ生産者や食品企業、外食産業などが共同で、レストランや市場、農場においてのイベントが開催されました。さらに、家族で農家ステイをしながら、農業体験や地域料理を楽しむ教育農場制度も実施しています。

食文化について、国と民間が共同で取り組むこの運動は、他国においての食教育の見本となっています。

3. がん予防を推進するアメリカの「ファイブ・ア・デイ」

アメリカでは年々深刻になる生活習慣病問題に対処すべく、国民の食生活改善にも力を注いでいます。

1980年に、食事と運動を通して健康を増進し、慢性疾患のリスクを下げるためのガイドラインとして、保健福祉省と農務省が共同で「アメリカ人のための食生活指針」が作成され、5年ごとに改定しています。従来の食生活改善に加えて2005年の改定では、エネルギー摂取量を2、000カロリー以下に抑え、1日30分以上運動することに重点をおき、「フード・チョイス」「フード・ファイト」として、国民1人ひとりに食育の意識化を促しています。また、連邦政府等の支援による学校昼食プログラム、学校朝食プログラムなどに基づいて、希望に応じて学校での昼食あるいは朝食が供与されています。

農務省が作成した「フード・ピラミッド」でより多くの野菜や果実、全粒粉を食べ、塩分摂取量をより少なくして、定期的に身体を動かすことを推奨しています。さらには、オンラインシステムを導入した「マイ・ピラミッド」（日本の「食事バランスガイド」の模範となったもの）を教材として、生涯にわたる健康的な食生活が送れるように、各地の学校で食に関する教育活動等が展開されています。併せて、給食を推進するほかに野菜や果物を1日5品目以上食べることを推奨する、「ファイブ・ア・デイ」運動も進められています。

2006年からは学内にある自販機にも低カロリーで高栄養なもの、炭酸飲料は低カロリー・ノンカロリーのみ使用するなど、かなり具体化した取り組みが展開されています。食品安全教育の観点からは、「手や食器等をよく洗うこと」「分離によって汚染を防止すること」「適切な温度による調理」「冷蔵」の、4つの内容が活動の中心キャンペーンとして展開されています。

「家族の日」を設定して、子どもと共に夕食を食べるなど、食環境整備のための支援も行われ、地域（コミュニティー）においては、消費者と地域の農家が協力し合って生産活動を行うなど、運動が広がっています。

4. 学校教育の一環として農体験を行うイギリスの「育てる学校」

政府の「健康な学校プログラム」をもとに、学校において健全な食生活の推進運動が展開されています。

子どもの脂肪や糖分、塩分の過剰摂取や肥満の増加に対応し、健全な食生活をおくるための行動計画として策定され、加えて、野菜や果物を1日5品目以上食べることを推奨する「ファイブ・ア・デイ運動」も展開されています。

また、政府の支援による「育ての学校」は、農場や農村に焦点をあてた体験的な学習を、学校教育の一環として行うプログラムで、農場と学校が一体となって進められています。さらに、地域で作られた農産物を地域で消費する「ローカルフード」は、消費者に新鮮な食品を供給し、地域経済の活性化をねらいとして活動しています。日本でいう「地産地消」といったところでしょうか。

5. 小学校3年生を対象としたドイツの「技能証明書」

ドイツ連邦政府の支援により、「よりよく食べて、もっと身体を動かそう。とても簡単なこと」キャンペーンは、さまざまなプロジェクトで展開されています。保育所に通う子どもや保護者、職員を対象に、セミナーや研修を行うプロジェクト「元気な子ども」や、学校給食で健全な食事の提供を推進する「学校プラス食イコール最高の成績」、さらにはファミリーレストランを対象に、子ども向けのメニュー開発や食のプログラミングをする「願いごとをしよう」、などの活動が展開されています。

また、「技能証明書」は栄養に関する知識や調理方法などについて、実践的な技術を身につけることをねらいとして開発されたプログラムで、2007年5月以降、研修を受けたメンバーが学校において、小学校3年生を対象に指導しています。

指導者養成の研修内容は、6～7回の講習で「健康的な食事に関する知識」「調理方法」「衛生管理」「テーブルセッティングやマナー」などを学修し、筆記と実技試験に合格すると証明書が交付されて指導にあたるというものです。

6. 地産地消を推進する韓国の「身土不二」

「身」は人間の身体を「土」は大地を表し、身体と大地は切り離せない一体のものという考えのもとに、身近な所で作られたものは身体に良いという意味合いを含みます。

韓国では「身土不二」をスローガンとして、地産地消を推進する運動が、各地で展開されています。

7. 世界保健機構（ＷＨＯ）における世界戦略

２００４年に、不健全な食生活からあるいは不十分な運動から引き起こされる非感染性疾病、たとえば心疾患や脳血管疾患、糖尿病、ガンなどの死亡率等の改善をはかるために、「食事、運動と健康に関する世界戦略」をまとめました。加盟国等に対しては、エネルギー摂取のバランス、野菜や果実の摂取、適切な体重維持などのガイドラインを策定し、具体的な取り組みや活動を求めたのです。

世界諸国の食育活動には、それぞれの国の特徴が出ていて、今後の展開が注目されます。

活動のねらいとその内容は、肥満者の減少を目的として、品質表示教育や健康教育など、食生活をベースにした栄養教育が行われているアメリカやイギリス、ドイツなどの先進国での取り組み、食文化についての国民の意識を高めることを目的として、味覚教育が行われているフランスやイタリアなどの文化圏での取り組み、郷土や伝統食への興味や関心の向上に力を入れ、地産地消を推進している韓国での取り組み、などがあげられます。一方、日本では、食に関する知識や選択する力を修得し、健全な食生活を実践する人間を育てることを目的として、体験を通しての食育活動が行われています。

以上のことからも、食育活動を展開するには、その国が抱えている環境や文化などの問題が大きく影響してくることがわかります。

しかし、諸外国に比べてわが国の活動は、あまりにも国から示された内容を遵守しようとしたものが多く見受けられ、活動内容が非常に、画一的であるとの印象は否めません、日本の食文化や風土に合った活動を展開することが重要で、子ども時代から主体的に学び、その学びが活かされる食育の内容について、今後の研究に期待されるところです。

おわりに―人間教育としての食育を―

集団保育の場での給食は、子どもの成長や発達、健康の増進に資することはもちろんのこと、その献立や食育活動を通した食の学びは、人間教育そのものだといえます。また、食育活動は「食」を媒体に、子どもや家庭、地域社会の健康づくりへの意欲や関心、態度を育てる手立てともなります。食育を通して、生き方や人間形成、食文化など理論的な考察を加え、活動を評価する拠り所を探り、集団の中でいかに個別性を尊重した活動が展開できるのか、真剣に検討するときです。

保育は、あくまでも子ども主体です。

保育における食育活動は、時代を担う子どもの自立と自尊を獲得させる人育ての道しるべそのものです。心と身体の健康づくりの視点から、その意義と役割の重要性をもう一度考え直すときでしょう。

「食」は人をつくり、人は文化をつくります。
私たち大人は、子どもに「食」を通して文化を伝えていく責任を担っています。文化とは、親から子へ、子から孫へ、人から人へと伝えていく「生き方」そのものであり、子どもの内に秘めたる「生きるため」の技や知恵、スキルや態度の可能性を引き出すことこそが、保育における食育活動だと思います。したがって、その活動を通して保育者や親を含む大人が、自らを教育していくようなものでなくてはならないはずです。

最後になりましたが、本書の執筆をお薦めいただいた、シリーズ企画者の代表である大場幸夫先生、懸命な努力を惜しむことのない保育者の皆さま、編集の労を取って下さった創成社の代表取締役社長・塚田尚寛氏、出版部の廣田喜昭氏に、限りない感謝の気持ちを添えまして謝意を表します。

《著者紹介》

高橋美保（たかはし・みほ）

大妻女子大学大学院家政学研究科修士課程修了
大学助手，短大教員を経て，現在，白鷗大学教育学部発達科学科教授，大妻女子大学家政学部児童学科非常勤講師
専門領域は，「子どもの発達と食育」

主な著書

『保育における食育活動の道しるべ－計画・評価の工夫と実際－』（教育出版）
『乳児保育の実際と子育て支援』（ミネルヴァ書房－共著）
『心とからだを育てる小児栄養』（保育出版－共著）
『食育で子どもの育ちを支える本』（芽ばえ社）ほか

（検印省略）

2009年10月20日　初版発行　　略称－食育

食育の力
－子どもに受け継がれる生活の知恵－

著　者　高 橋 美 保
発行者　塚 田 尚 寛

発行所　東京都豊島区池袋3－14－4　株式会社　創 成 社

電　話 03（3971）6552　FAX 03（3971）6919
出版部 03（5275）9990　振　替 00150-9-191261
http://www.books-sosei.com

定価はカバーに表示してあります。

ISBN978-4-7944-5037-1 C0236
Printed in Japan

組版：トミ・アート　印刷：平河工業社
製本：宮製本所
落丁・乱丁本はお取り替えいたします。

創成社保育大学新書シリーズ刊行にあたって

このたび、保育大学新書シリーズを刊行することになりました。

保育実践に関する本の数は膨大なものであります。とりわけ、保育現場の要請に応えるかたちで、実践のノウハウに関する著書がその大半を占めています。地域の子育て家庭の支援などが保育現場の重要な役割として評価をされ期待される時代ですから、この傾向は、衰えるどころかむしろ増加の傾向にあるといえましょう。そのように保育者に求められる知識や技術は実際的な生活支援という直接的な働きにとって欠かせない情報であるからでしょう。

このことを了解しながら、もう一方で、とくに最近の保育現場では、質の高い保育を求め、その質を確実に担う専門職としての保育者にも高い専門性を求められる気運が生じて参りました。折しも、本シリーズ刊行の年に、保育所保育指針が改定されました。指針が告示化され最低基準の性格をもつことになったのです。養護と教育の一体となった実践は、専門的な保育者によって、組織的で計画的な実践の営みを通して、子どもの最善の利益を護る生活の場を構築するという重要な役割であることを、これによって確認できたのです。

このような情勢を踏まえ、今回の企画は、実践の限られた世界を超えて、子どもの世界、子どもを支えるおとなの取り組みなど、幅広くそしてより深く自らの専門役割を認識し、保育実践を見据えることのできるように、興味深いテーマごとに刊行をしてまいります。

本シリーズの中から、〝この一冊〟を手にされ、そこに展開されるテーマの奥行きに触れるとき、新たな保育の地平線に立つご自身であることをお気づきになられるに違いありません。そのような保育大学新書シリーズとして、保育に関心をおもちの多くの皆様に、お読みいただけることを願うものであります。

大妻女子大学学長　大場幸夫